宇野弘之

# ストップ・ザ・少子化

## 日本活性化序説

国書刊行会

# 序

少子化社会脱出の妙案はないものかと、この数年間、ふる里活性化の叡智を探究しつつ今日に至っている。

二一世紀の少子高齢社会の課題である「ストップ・ザ・少子化」は、日本社会繁栄・存続の重要な鍵概念に違いない。国も政策に莫大な予算を注ぎ込み、今日なお人口増への望みをつないでいる。少子化対策という言葉を聞き始めて二〇年、人口減少・少子社会という現象は、今日も回復の兆しを見せていない。

なぜであろうか。日本社会は人口減少が続いて、百般がその影響下にある。その原因を探究してみると、人口増の根幹である胎児の生きる権利（生存権）を奪う生命倫理の欠如、という日本の社会の風潮に少子化の一要因があることに気がついた。胎児とて生命を軽視してはいけない。歴史人口学もそのことを実証している。

アヒンサー（不殺生）を仏教思想は宣布・教諭しているが、無信仰な人や自分の意見に執着する我執の人、あるいは仏教に反発する心なき人々がなぜか多く育ちつつある現代社会は、二一世紀というある意味で末世を迎え、大切なものを忘れかけている感がする。

成熟した先進国社会としての経済優先社会の繁栄の影に社会病理の兆候が見られる。的外れな施策を鵜呑みにする市町村には少子化対策が欠如している。意気込みも見られぬパワー不足は地域を過疎化に導くであろう。

少子高齢社会のゆくえという視座より二一世紀の日本社会を見ると、少子化は歴史の一頁としての社会現象であることに気づく。過去の日本はこの少子化という歴史的課題をどのように解決し、人口減少対策に臨み、かつ人口増社会を実現したか。歴史をたずね、先人の智慧に学び、ヒントを施策に生かすことはできないであろうか。

浅学菲才を恥じつつ、日ごろ考えていることを小編とする企画に至った。時の流れは早い。現代社会への提言として、日ごろお世話になっている方々への報恩謝徳の一助となればこの上もない喜びである。脱少子化社会は、子や孫の世代の礎となる重要な問題点である。その解決に至る人口増日本社会の実現を皆とともに願ってやまない。

平成二六年　春　著者　識す

目次

## 第二章　国と自治体の少子化対策……43

## 第三章　中絶禁止と人口増……73

# 第一章　少子高齢化と日本の将来

## 一　少子化の現状

### 少子化問題の始まり

わが国では、一九八九年に出生率が一・五七％となったことを契機に「少子化」が社会問題となり始め、一九九〇年代半ば以降、政府は少子化対策を開始した。実は少子化は一九七〇年代後半にすでに始まっていたのである。今日の出生率の水準では、わが国の社会・経済が安定的に持続することは難しく、日本社会は極めて深刻な危機的状況にある。

国立社会保障・人口問題研究所の予測によると、出生数は、二〇二〇年には八四万人、二〇三〇年には七五万人、二〇四〇年には六七万人に減少するという。

二〇一三年の日本人の人口は前年より約二〇万人減少した。このまま少子化の傾向が止まらなければ、五〇年後の日本の人口は九〇〇〇万人を割るであろうという推定が確実視されている。当面人口減少は止まらないかもしれない。仮に出生率がこのまま回復しなければ、日本の人口は当面どころか永遠に減少し続けることになる。出生率はいずれ自然に回復するとの楽天的な待望論もあろうが、待っているあいだにさらなる少子化の影響がわが国を襲うであろう。

## 合計特殊出生率とは

合計特殊出生率とは、女性がその年に何人の子どもを産んだかを示す「出生率」を一五〜四九歳までの年齢ごとに算出し、合計した数値である。「一人の女性が、一生涯に何人の子どもを産むか」を推定する指標として、国際比較に用いられている。

死亡率などにより各国・時代により異なるであろうが、現在の日本では二・〇七を下回ると人口が減少に向かうとされており、これを人口置換水準という。日本の合計特殊出生率は人口動態統計が導入された一九四七年には四・五四であったが、一九七五年以降は二を割り込んだまま低落傾向が続き、二〇〇一年から五年連続で過去最低を更新しており、少子化傾向にある。

## 総人口の動向

関ヶ原の戦いのあった一六〇〇年ごろ、日本の人口は一〇〇〇万人ほどであった。明治維新ごろには三〇〇〇万人、第二次世界大戦のころには七〇〇〇万人。その後、沖縄復帰のころには一億一〇〇〇万人となり、二〇〇八年には一億二八〇八万人となってピークを迎えた。

総人口の動向を見ると、終戦の一九四五年は出生数減などにより、前年を二二九万人下回る七二一五万人であった。一九四七～四九年は毎年の出生率が二七〇万人近い「第一次ベビーブーム」で、総人口も一九四八年に八〇〇〇万人を超え、一九六七年には一億人を突破した。一九七一～七四年は、第一次ベビーブームで生まれた「団塊の世代」らによる「第二次ベビーブーム」もあり、人口は順調に増え続けた。

総人口が前年を割ったのは二〇〇五年である。いったんは増加に転じて二〇〇八年にピークを迎え、微減・微増を経て、二〇一一年からは減り続ける。

総人口が減少に転じるのは「少産多死」の社会人口構造のためである。

合計特殊出生率は、第一次ベビーブームのころは四を超えていたが、一九七四年以降は人口維持に必要な人口置換水準を下回り、二〇一二年では一・四一に止まっている。

年間の死亡者数は二〇〇五年に戦後初めて出生数を上回り、二〇〇七年以降は死亡者数が出生数より多い「自然減」が続き、二〇六六年には一一〇万人に上る見込みである。合計特殊出生率が二〇六〇年に一・三五となる仮定の「中位推計」で、二一〇〇年の総人口は四九五九万人となり、回復を見込んだ一・六〇の「高位推計」では六四八五万人だが、一・一二の「低位水準」となりさらに少子化が進んだ場合、三七九五万人まで落ち込む予測である。

**戦後の出生率低下**

戦後は一〇人兄弟の家庭も多かった。筆者の小学校一年生の担任は八郎先生であった。多分八番目に生まれた兄弟の多い方であったと思う。当時、兄弟・姉妹の多い家庭は珍しくなかった。ベビーブームもあり、幼稚園も小中学校も次々と教室が増設され、どこも生徒であふれていた。第一次ベビーブームの世代は一九四七~四九年生まれであり、団塊世代といわれている。第二次ベビーブームの世代は一九七一~七四年生まれであり、団塊ジュニアである。

男性は出産したくとも子どもを産むことができない。子どもは母親から生まれる。子どものころ、男の身ながら「母親っていいなあ、母親になりたい」と思ったものである。女性が母親になって子育てをしたいと望むのは、当然であろう。

ただ、戦後も順調に人口が増えたわけではなかった。戦後わが国は二度の出生率の低下を経験している。

まず、戦後の約一〇年間に起きた出生率の低下は、産児制限にその原因があった。主に避妊や中絶によって夫婦が意図的に出生率を制限した結果、出生率が低下したと見ることができる。

第二の出生率低下は、一九七〇年代半ば以降に起きた。「ひのえうま（丙午）の年」である一九六六年には人口置換水準は一・五八であった。初めてその年を下回ったのが一九八九年の一・五七ショックであった。その後もなぜか二〇〇五年に過去最低の一・二六になった。

ひのえうまの年は六〇年に一回訪れる。ひのえうまとは干支の一つで、五行説により丙は火の兄、午は方角で南であるので、この年は火災が多いとする。もちろん迷信であるが、この年に生まれた女の子は夫を殺すと信じられ、この年の出産を避けた夫婦が多かったようである。日本が経済大国へ邁進していた時期の不思議な現象である。

## 止まらない低出生率

この年の出生率をさらに下回る年が続いている。記憶に新しいのは二〇〇五年に合計特殊出生率が過去最低の一・二六を記録したことである。

総務省がまとめた二〇一二年四月一日現在の人口推計によると、一五歳未満の子どもの数は前年比一二万人減の一六六五万人と三一年連続で減少し、一九八八年以降、最少記録の更新が続いている。総人口に占める一五歳未満の子どもの割合は三八年連続で低下し、過去最低の一三・〇%となった。

内訳は、男の子が八五二万人、女の子が八一二万人、三歳ごとの比較では、一二～一四歳が最多の三五七万人である。年齢層が下がるほど減少し、未就学児のうち〇～二歳は三一六万人で最も少ない。

都道府県別で見ると、二〇一一年一〇月一日現在、子どもの数が前年比で増えたのは東京都と福岡県だけである。東京電力福島第一原発で事故があった福島県は前年比一万三〇〇〇人減である。原発事故の影響により、全都道府県で最も減少したのは明らかである。原発のリスクは高すぎるといえる。子どもの割合は沖縄県が一七・七%で最も高く、低かったのは秋田県と東京都の一一・三%である。

国連人口統計年鑑によると、人口四〇〇〇万人以上の二七カ国中では、日本の子どもの割合が最低である。米国は一九・五%、中国は一六・四%、韓国は一五・一%、ドイツは一三・二%で、日本は一二・八%。最高はパキスタンの四一・六%であった。

三歳ごとの年齢区分で日本の子ども人口を見ると次のようになる。

〇 ～ 二歳……三一四万人
三 ～ 五歳……三一六万人
六 ～ 八歳……三一九万人
九 ～一一歳……三三三万人
一二～一四歳……三五一万人

一目して、年齢が下がるにつれて子ども数が減少していることが明らかであろう。

厚生労働省の推計によると、一一年の出生数は過去最少を更新しており、少子化傾向が強まっている。二〇〇五年を底に上昇傾向が続いていたのであるが、回復はしていない。

## 人口推計から見た少子高齢化の未来

総務省の人口推計の発表によると、二〇一一年一〇月一日現在の日本の総人口（日本人と外国人の合計）は前年より二五万九〇〇〇人減少し、一億二七七九万九〇〇〇人（前年比〇・二％減）になったという。減少幅は、比較可能な統計が残る一九五〇年以降で過去最大である。総人口に占める〇〜一四歳の年少人口の割合は一三・一％で一六七〇万五〇〇〇人となり、過去最低である。一方、六五歳以上の老年人口の割合は二三・三％と前年比で二六万八〇〇〇人増加し、過去最高である。少子高齢化の進行が改めて浮き彫りとなっている。

国立社会保障・人口問題研究所の将来推計人口によれば、五〇年後の総人口が現在の約三分の二にまで落ち込むという。平均寿命は今後も延び、六五歳以上が四割に達するという。

厳しい未来像を示している。すでにわが国の農村では高齢者が四割を占める街が出現している。地域社会の崩壊が始まっている。この「社会的危機」の高まりにもかかわらず、子どもを産みやすい社会をつくる施策が積極的に実施されたとはいい難い。

社会保障をどう構築するか、少子化のなかで危機的な状況に頭を抱えている。政府の試算では、二〇一一年に一〇八兆円の社会保障給付費は、二〇二五年には一五一兆円にまで膨らむという。そして保険料とともに年金や医療などの社会保障を賄う国の財政は、三年連続で税収より借金が上回る危険な状況にある。

## 大都市でも安心できない

人口流入が続く首都東京などの大都市も決して安泰ではない。

近年、給与水準が高い大都市には地方から年間六～八万人が流入しているとされる。しかし、創成会議分科は記者会見で「東京は晩婚化が進み、生活に金がかかる。長時間通勤、保育所の問題もあり、超低出生率になっている」という問題点をあげ、都に対応を促している。

エコノミストらのあいだには産業の国際競争力強化を目的として東京への一極集中を肯定的に評価する見方もある。「東京五輪を過ぎると東京も超高齢化社会になり、やがて行き詰まる」と警鐘を鳴らす専門家の意見も聞こえる。

## 楽観的な国の政策提言

日本の総人口は二〇〇八年の一億二八〇八万人をピークに減少期に入り、出生率が今の傾向で推移すると、二一〇〇年には四九五九万人まで減ると予測されている。

国の政策提言では、五〇年後の日本の人口は一億人に回復するというが、すでに二〇年間にもわたってさまざまな施策を実施してきたにもかかわらず、今日まで少子化が止まらず、進む一方である。「五〇年後は人口一億人の日本社会到来」という国の政策提言を、果たして信じることができるであろうか。いますぐに手を打たなければ明るい展望にはならないであろう。

## 二　高齢化の現状

### 一〇〇歳以上の人数が過去最多

厚生労働省によると、一〇〇歳以上の高齢者の人数が五万一三七六人となり、過去最多を四二年連続で更新したという。男性が六五三四人、女性は四万四八四二人で八七・三％を占め、割合も過去最大を更新した。一〇〇歳以上の人数は、二〇〇二年の二・八六倍、一九九二年の一二・三七倍に上る。

都道府県別では、一位が高知県で七八・五人、二位が島根県で七七・八一人である。埼玉県は二三・〇九人で最も少なかったという。

これだけご長寿が多いことは、日本の誇りであろう。喜ばしいことである。しかし、長寿大国日本を手放しで喜んでばかりもいられない状況が訪れている。

## 高齢者人口三二九八〇万人の就業状況

総務省の推計によると、二〇一一年の六五歳以上の高齢者人口は二九八〇万人（前年比二四万人増）、総人口に占める割合は二三・三％となり、過去最高を更新した。男女別の高齢者数は、男性が人口の二〇・五％で一二七三万人、女性が二六・〇％で一七〇七万人、男女を含めた八〇歳以上の人数は八六六万人（前年比三八万人増）となった。

労働力調査によると、二〇一一年に仕事に就いていた六五歳以上の人は五四四万人である。仕事の有無を示す就業率は、六五歳以上の男性が二七・六％、女性は一三・一％。六五〜六九歳に限ると、男性は四六・二％、女性は二六・九％の人が働いている。三一八万人を企業などが雇用しているが、そのうち半数以上の一六二万人はパートやアルバイトなどの非正規雇用である。

六五歳以上の就業者を産業別に見ると、農業と林業が合計で九三万人と最も多く、次いで卸売業・小売業が九二万人となっている。

団塊の世代は、戦後復興期の一九四七〜四九年ごろの第一次ベビーブームに生まれた。堺屋太一氏が小説のタイトルで命名した言葉である。退職による社会保障制度への影響や企業の人材不足、ものづくりなど技能継承への支障が懸念されている。雇用延長された人が六五歳を迎えて会社から退くケースが増えるため、「二〇一二年問題」と指摘されている。ただ、実際は六〇～六七歳にかけて徐々に退職していくため、影響は一九四九年生まれの人が引退する二〇一〇年代半ばごろにかけて広がっている。

## 将来どうなる、高齢者が急増の日本社会

国立社会保障・人口問題研究所が公表した「日本の将来推計人口」によると、五〇年後の日本は、一〇人中四人が高齢者、五人が現役世代、子どもはたったの一人、という社会になるという。六五歳以上の高齢者人口が、二〇六〇年に三四六四万人に増える一方、現役世代である生産年齢（一五～六四歳）が激減し、総人口に占める高齢者の割合（高齢化率）が、二三％から三九・九％へ上昇する。反対に、現役世代は五〇・九％、子どもは九・一％へと下がる。

単に高齢者が増えるだけではなく、単身の高齢者が増える。背景には非婚化がある。五〇歳の時点で一度も結婚したことがない人の割合を示す「生涯未婚率」が、女性の場合、二〇六〇年に二〇％を超え、男性も二〇三〇年には二九・五％に達する見込みである。

また、雇用労働者の約三割が非正規で働いている現状を考えると、今の現役世代が年を

とったとき、貯蓄が十分でなかったり、年金が少なかったりする場合も多くなると見られている。

さらに、女性は男性より寿命が長いことなどから、高齢女性が二〇一〇年の一六九二万人から、二〇六〇年には一九六四万人へと増える。総人口に占める高齢女性人口の割合も、二〇一〇年は一三・二一%だが、二〇六〇年には二三・六五%に上昇する。二一世紀は「おばあちゃんの世紀」になり、その傾向がより顕著となる。女性は現役時代の収入や年金額が男性よりも少ない場合が多く、単身で貧しい高齢女性が増えると見られている。

日本の社会全体が高齢化していく。全人口の平均年齢は、二〇一〇年の四五歳から二〇六〇年には五四・六歳に上昇する。

## 共助社会を目指して

二人以上が暮らす世帯の平均貯蓄高を見ると、世帯主が六五歳以上の世帯は二二七五万円と豊かであり、六五歳未満の世帯の一三五六万円を大きく上回っている。インターネットを利用し買い物をする暮らしぶりも明らかになっている。高齢者も貧富の差が大きく、特別養護老人ホームには生活保護者も大勢いる。反対に、老後に豊かな社会保障を受けている運のいい人もいる。

社会福祉政策は、資本主義の欠陥を補充し維持するためのものである。地域社会や地域福祉を維持していく理念として「自助」「共助」「公助」の三本柱が強調されて久しいが、少子高齢化の進展と、国や自治体の財政難で公助の拡大は難しくなるばかりで、安上がりな福祉政策が実施される傾向にある。

三本柱の一つである自助組織（self-help group）は、必要な福祉的サービスを供給する自然発生的な相互扶助組織で、親族や近隣住民などが助け合うことを意味している。農村などでは互助協力が労働力の無償提供によっておこなわれる。現代社会においては自発的共助もあろうが、今後は「共助社会」の必要性、共助の充実が一段と望まれるであろう。共に助け合い生きる社会である。

団塊の世代がいよいよ六五歳以上の仲間入りをする時期に差し掛かっており、元気な高齢者自身が共助社会の支え役になっていくことも大切であろう。

政府は半世紀前にはお年寄り一人を九人の現役世代で支える「胴上げ社会」型を語っていた。少子高齢化が進展していくなか、現在では三人で一人を支える「騎馬戦」型となり、さらに五〇年後には一・二人で一人を支える「肩車」型社会になるという。社会保障の大切さは十分理解している。増税論のみで社会を支えることは困難であり、出生率二・〇目標達成の少子化対策に鍵概念があるように思う。

## 人生九〇年時代に求められる高齢者の社会参加

少子高齢化の進行で労働力人口が減少している。そのため、意欲と能力がある年配の人に社会を支える側に回ってもらう。支え手を増やすため、施策を高齢者に限定するのではなく、若者や女性の就労や子育てに対する施策を進め、すべての世代が経済活動に参加できる社会づくりに取り組む必要があろう。

「人生九〇年時代」を提唱して、健康で充実した高齢期を過ごすため、若いころからの健康管理に加え、仕事と育児、介護、自己啓発、地域活動などのバランスが重要である。

政府の数値目標では、在宅医療を二〇一二年の一七万人分から二〇二五年度には二九万人分に、高齢者人口に対する高齢者向け住宅の割合を二〇〇五年の〇・九%から二〇二〇年度末には三～五%に増やす。若者については二〇～三四歳の就業率、女性については二五～四四歳の就業率を引き上げ、高齢者の定義を現在の「六五歳以上」から引き上げることを検討している。

日本は今後、高齢者が急増し、反対に社会保障を支える現役世代が減っていく。政府の「高齢社会対策の基本的在り方等に関する検討会」は、六五歳以上を一律に「高齢者」とするのを改め、年をとっても、働く意欲や能力のある人に「支える側」に回ってもらう社会をつくるため、国民みなで、厳しい超高齢時代に立ち向かう必要があるとしている。

## 三　消える地方と国家財政の危機

### 五〇年後も人口一億人維持？

経済の中長期の課題を話し合う政府の有識者委員会「選択する未来」は、「人口減少の解決が急務だ」と提言する中間報告書をまとめている。このままでは五〇年後に八〇〇〇万人台に落ち込む日本の人口を、一億人で維持するよう目標の設定を求めた。高齢者対策が中心だった政府予算も「子どもへ大胆に移すべきだ」と指摘し、出産や子育て支援の財政支出を倍増するよう促している。

政府が人口維持の明確な目標を打ち出すのは初めてである。選択する未来は経済財政諮問会議の下に二〇一四年一月に設置され、日本商工会議所会頭を会長として五〇年後の日本経済の課題を議論している。

報告書では、現在進む人口減少を放置すると、国内市場が縮小し、投資先としての魅力が低下し、経済規模の縮小がさらなる縮小を招く負の連鎖に陥ると警鐘を鳴らす。高齢化で社会保障給付費が増えて財政が破綻するリスクも高まる。

二〇一〇年に一億二八〇六万人だった日本の人口は二〇六〇年には八六七四万人に減る見込みである。人口一億人を維持するために、合計特殊出生率を、現在の一・四一から二程度に引き上げる必要がある。提言では、第三子以降に手厚い出産・教育・育児の支援を進め、少子化社会からの脱却を進めるよう求めている。

活動的な高齢者が増えることが予想されるので、七〇歳までを働く人（新生産年齢人口）と定義し直すことも提案し、六五歳で現役を引退するのではなく、年齢を重ねても経験や能力を生かして働ける社会をつくるよう求めている。

## 五〇年後には国土の六割が無人化

人口減少や高齢化、東京圏への人口流出で、地方自治体の四分の一が消滅する可能性があるという、驚愕の指摘もある。

日本の総人口がピークだった二〇〇八年から二〇二〇年までの人口変動を都道府県別に見ると、増加は沖縄県、東京都（ともに三％）、神奈川県（二％）、滋賀県、愛知県（ともに一

％）の五都県に止まる見込みである。減少率が最も大きいのは秋田県の一四％で、二〇〇八年には人口一一一万人であったが、二〇二〇年には九六万人に落ち込むと推計されている。

二〇二〇～四〇年の変動では、すべての都道府県で人口が減少する。二〇〇八～二〇年は増加する沖縄県でも三％、東京都と愛知県も八％減る。秋田県の二七％が減少率では最も大きい。

国土交通省の推計によると、人口減少が進むことによって、二〇五〇年には国土の六一％が人のだれも住まない「無居住地域」となる。面積にして約二三万平方キロメートルである。無居住地域は二〇一〇年で国土の五二％、約二〇万平方キロメートルとなっている。二〇五〇年までの四〇年間で、東京都の一六倍の面積に相当する地域が無居住化することになるという予測である。

日本には人口急減の超高齢社会が到来する。現状のままで何もしなければ経済のマイナス成長が定着し、地方自治体の四分の一が消滅するという危機的な状態となり、財政破綻リスクが高まる。そこで必要な対策として、

一、五〇年後に一億人の人口を維持する。

二、出産・子育て支援を倍増する。
三、七〇歳まで働ける社会をつくる。
四、地方都市の集約と活性化を図る。

などをおこなう必要がある。

地方で暮らす女性が三〇年間で大幅に減り、全国の自治体の半分が「将来消滅する可能性がある」との衝撃的な試算がまとめられている。社会保障やバスなど生活交通の維持も困難になり、税収減で自治体は破綻しかねない。試算した有識者は「衰退という現実を見て、それぞれの自治体が対策を」と呼び掛けるが、現場には手詰まり感も漂う。

これだけの地方自治体が消えてしまうのはなぜであろうか。

有識者でつくる日本創成会議は、太平洋に面した高知県西部の室戸市について、二〇四〇年の人口は現在の三分の一の約五〇〇〇人に落ち込み、二〇～三〇代の女性は八三・四％減の一五六人になると試算する。全国でも高齢化が進む秋田県は、二五市町村のうち大潟村を除くすべての自治体が消滅の危機に至るという。隣の青森県も九割近くの自治体で二〇～三九歳の女性の人口が五〇％減ると指摘されている。

これらの原因は基幹産業衰退にある。室戸市では基幹産業である漁業の衰退にともない、若者の流出が続いている。担当者は「雇用の確保や子育て環境の充実などに取り組んでいるが、決めての対策がない。このままでは消滅してしまう」と危機感を強める。

人口約三二万人の秋田市は、県庁所在地にもかかわらず大幅な減少が予測されている。就職活動中という市内に住む無職の男性（二二）は「地元には活力がなく、就職先もない。早く何とかしてほしい」と訴える。

秋田県は民間団体と提携した婚活パーティーの開催などを進めてきたが、人口の減少そのものは止まらない。危機感を募らせた県は、知事を議長とする「人口問題対策連絡会議」を設置し、中堅職員らでつくるプロジェクトチームと連携して人口減を食い止める施策の検討を始めている。

大半の自治体で女性が減ると予想されるなか、増加が見込まれる自治体もある。鳥取県米子市に隣接する日吉津村《ひえづそん》では、女性の人口が現在の約三三〇〇人から二〇四〇年には三六五七人に増え、二〇～三九歳の若年女性も六・八％増の四五〇人になると試算される。住宅団地の造成や大型スーパーの開業が続き、子育て世代を中心に村外からの流入が増えているのである。ただ、有頂天で喜ぶことはできず、村幹部は「人口の伸びはすでに頭打ち状態に近づいている」と気を引き締めているという。

## 就業者数の減少

人口減少に加え、景気低迷にともなう学生の就職率の低下や製造業の空洞化もあり、就業者数も近年、減少が続いている。団塊世代の引退などで今後も就業者数の減少が続く見通しである。政府は、現在働いていない専業主婦らへの就労対策と、環境分野など新産業の育成による雇用創出の両輪で、就業者の減少を抑える対策に取り組んでいる。しかし、厚生労働省の雇用政策研究会は、二〇三〇年の就業者数は二〇一〇年に比べ最大で八四〇万人減少して、五四六〇万人に落ち込むとの推計をまとめている。これは、経済のゼロ成長が続き、女性や若者、高齢者の就業率が二〇一〇年に比べ改善しない場合の就業者数の試算である。

働いている人の数を示す就業者数の減少は国内産業の衰退や市場縮小を招き、国の活力も低下しかねない。雇用政策研究会は、学生の就職支援や子育て中の女性が働きやすい環境の整備などで減少に歯止めをかけるべきだ、と提言している。

特に製造業の就業者数は、適切な対策を打たない場合、空洞化によって二〇一〇年の一〇六〇万人から二〇三〇年には七九〇万人に大きく減ると試算している。報告書は、成長が続くアジアの需要を取り込むことなどで、製造業で一〇〇〇万人程度の就業者数を維持するべきであると指摘する。

雇用政策研究会は、政府の就労対策が進まず経済成長率も〇％程度だった場合、就業者数は二〇一〇年の六三〇〇万人から二〇二〇年には五九四〇万人に減ると予測している。一方、就労対策や経済成長が進んだ場合は、二〇二〇年に六三〇〇万人、二〇三〇年に六〇七〇万人となり、二〇一〇年比で二三〇万人の減少に止められると推計している。

子育てなどで仕事を離れる人が多い三〇代女性について、就業者の割合を示す就業率がほかの世代並みに改善した場合、二〇三〇年の女性の就業者数は二〇一〇年比で増加するとして、仕事と家庭との両立支援の重要性を強調している。就職活動中の学生に中小企業への就職を促すことや、若年フリーターの正社員登用に対する支援も必要であるという。

## 生産年齢人口の減少が日本経済へ深刻な影響を与える

総務省は二〇一三年一〇月一日時点の人口推計で、働き手の中核となる一五～六四歳の「生産年齢人口」が三二年ぶりに八〇〇〇万人を下回ったと公表した。

人口推計とは、国勢調査のない年に、出生児数と死亡者数の差や出入国者数の変動などから算出した人口である。国勢調査は五年に一度おこなわれ、全世帯に調査票を渡して人口などを調べる。

出産年齢人口が減ったのは、少子化の流れが止まらない上に、一九四七～四九年ごろの第一次ベビーブームに生まれた「団塊の世代」が六五歳に達し、高齢化が急速に進んでいるためである。この傾向は今後も続く見通しとされる。

生産年齢人口が減ると働き手不足が深刻化し、日本経済の成長力が低下する懸念がある。国民の豊かさが損なわれるだけでなく、税収が減って公共サービスや社会インフラの整備が滞る可能性もある。

これ以外にも影響がある。高齢者が増えて生産年齢人口が減れば、若い世代の社会保障費の負担が重くなる。働く世代を二〇～六四歳、高齢者を六五歳以上とした財務省の試算では、二〇一二年は働く世代二・四人で高齢者一人の社会保障費を支えていたが、二〇五〇年には一・二人で支える時代になる見通しである。

現行制度の維持も簡単ではない。年金支給開始年齢は、現在、自営業者らが加入する国民年金の場合は六五歳である。会社員の厚生年金は段階的に引き上げている途中で、男性は二〇二五年度、女性は二〇三〇年度からは六五歳からの支給となる。この支給開始をさらに遅らせるなどの抑制策が必要との指摘もある。

働き手を増やす方法としては、女性やシニア世代の活用が重要である。子育てをしながら女性が働き続けられるよう、学童保育や育児サービスの充実を図るべきで、企業の定年延長も有効な手段となる。

建設業や介護分野での人手不足は現在も深刻である。政府は外国人の活用を拡大する方針で、東京五輪が開催される二〇二〇年までの措置として、新興国への技術移転を目的として労働者を受け入れる外国人技能実習制度の期間延長を決めた。首相は、家事支援や介護分野で外国人労働者を受け入れる制度の検討も指示している。

移民の受け入れについては、政府は慎重姿勢である。治安の悪化や日本人の雇用が長期的に奪われることへの懸念が根強い。ただ、経済界などからは、本格的な受け入れが必要との指摘も出ている。

## 起業活性化と若者の柔軟な発想で就業率の回復を

新たな事業を起こして雇用を創出する努力も必要であろう。二〇一二年度の経済財政白書では、少子高齢化のなかでも日本経済が成長を続けるために、生産性の向上につながるイノベーションを重視する、という立場を表明している。起業家がイノベーションの重要な担い手であるとした上で、日本人は起業の意欲が乏しい現状を問題視した。一八～六四歳のうち、起業にかかわった人の割合を示す「起業活動率」は、日本では五・二％であり、米国の一二・三％などを大幅に下回っている（二〇一一年）。その理由としては、他の先進国と比べて、起業家の社会的評価が十分でないことや事業を始める際に必要な知識の不足があり、これらの改善が必要との見方を示している。

今後の経済成長に必要な要素として重要なのは、みずから事業を立ち上げる起業もあろう。スマートフォン（多機能携帯電話）などの新たな商品開発で海外勢に出遅れている現状を打破するには、柔軟な発想が期待できる若者らの起業が欠かせない。世間では、大企業や官庁で働くことを重視する見方が今も根強い。「寄らば大樹の陰」ではなく、自分自身で一歩を踏み出す勇気をたたえる社会にしなければならないであろう。

## 日本は先進国から脱落する

このまま少子高齢化に歯止めがかからなければ、日本は二〇三〇年代以降にマイナス成長に転じ、先進国から脱落する、との厳しい見通しが示されている。

日本経済団体連合会（経団連）の研究機関である「二十一世紀政策研究所」は、二〇五〇年までの日本と世界五〇カ国・地域の長期経済予測を発表し、四つのシナリオにもとづいて日本経済の成長率や規模を試算している。これによれば、日本の一人当たり国内総生産(GDP)は二〇三〇年までに韓国に抜かれ、先進国から転落しかねないのである。少子高齢化や生産性の伸び、財政状況などを加味した複数のシナリオによる予測が示されているが、いずれでも将来の韓国の順位が日本を上回っている。一人当たりのGDPは国民の豊かさ、経済の質を示す指標とされている。

最も悲観的なシナリオは、財政悪化で日本経済が二〇一〇年代からマイナス成長に陥るというものである。二〇一〇年に一人当たりGDPが三万一八九九ドルで世界第二〇位の日本は、二〇三〇年には三万二六一四ドルと微増しながらも、順位は二一位に後退。二〇五〇年には二八位に転落してしまう。一方、技術革新が速い韓国は、二〇一〇年の二四位(二万六五六八ドル)から二〇三〇年には一五位(三万八〇〇〇ドル)、二〇五〇年には一四位に浮上する。

楽観的なシナリオは、生産性を先進国平均並みに維持するというものである。それでも日本は二〇三〇年に一七位で、一五位の韓国に追いつくことはできない。

予測は、いずれのシナリオでも二〇一〇〜三〇年までルクセンブルクが一位、シンガポールが二位となるとし、規制が緩い小国が上位を占める傾向となっている。

政府は二〇一五年度までに消費税率を一〇％に引き上げる方針であるが、財政再建をさらに進めなければ、国と地方を合わせた政府債務残高は二〇五〇年にＧＤＰの約六倍に膨らむ。同研究所は、
一、女性と高齢者の労働参加
二、アジアなど新興国の成長の取り込み
三、財政再建と社会保障制度改革の断行
などが急務だと指摘している。

## 膨らむ日本の借金

財政制度等審議会の試算によると、二〇六〇年度の国と地方の借金は国内総生産の約四倍に当たる約八一五〇兆円に膨らむという。国と地方を合わせた財政の長期資産は、税収などで政策経費をどれだけ賄えるかを示す基礎的財政収支を二〇二〇年度に黒字にした場合でも、その後も収支改善に取り組まなければ、これだけの負債を負うことになる。

現状では二〇二〇年度に収支を黒字にする政府目標を達成するめども立っておらず、借

金はさらに膨らむ恐れもある。経済再生や労働力の確保だけではなく、歳入・歳出両面の改革による収支改善が不可欠であろう。

試算では、名目経済成長率を三%、二〇六〇年度のGDPを約二〇五三兆円と想定した場合、歳出削減などで二〇二〇年度に収支が黒字になっても、その後も対策を進めなければ二〇六〇年度には三%強の赤字に陥ると予測している。一方、二〇二一年度からの六年間で計約四五兆円の収支改善に取り組めば、二〇六〇年度も黒字を維持できるという。今後、財政再建に取り組まず、二〇二〇年度の黒字も達成できなかった場合、二〇六〇年度の借金はGDPの約五・六倍に当たる約一京一四〇〇兆円に達するとの見通しも示している。

基礎的財政収支（プライマリーバランス）は、公共事業などの政策全般に充てる費用を、税収と税外収入でどれだけ賄えているかを示す指標である。GDPに対する国と地方を合わせた基礎的財政収支は、財政悪化にともない赤字となっている。政府の中期財政計画では、二〇一五年度までに二〇一〇年度比で赤字割合を半減し、二〇二〇年度までに黒字にする目標を掲げている。果たして実現可能であろうか。

全国の各自治体は、これまで若者の定住や子育て支援に力を入れてきたが、なかなか決め手がない。自助努力には限界があると歎く。国をあげた対策を求める自治体の声もある。国も政策を施すものの的外れ、この二〇年のあいだ、少子化は止まらない状況にある。施策の実績を見ると、頼りにしたい国の対策も当てにならない状況にある。

二〇年間少子化が止まっていないにもかかわらず、五〇年後には人口回復可能と公言しても、だれが信じるのであろうか。国を当てにせず、市町村のリーダーの努力による少子化対策こそが望まれるところであろう。今日までの少子化対策は中途半端な人気取り政策であり、市町村長の手腕のなさや認識の甘さが見られるように思える。このような市町村は消滅という結末を迎えることになる。「自業自得」の自然の法則は厳しい。

## 超高齢・少子化へ備え急務

人口減で影響を受けるのが、年金、医療、介護などの社会保障である。支え手が減少すれば、財源となる保険料や税を賄うのが難しくなる。国立社会保障・人口問題研究所の将来推計人口では、二〇六〇年に六五歳以上が人口の約四割を占めることになる。超高齢社会に備える仕組みづくりは待ったなしの状況である。

まず、少子化対策の強化が欠かせない。保育施設を拡充して待機児童を減らすなど、子どもを産み育てやすい環境の整備が急務である。女性や高齢者が働きやすい社会をつくれば、就労者を増やすことにもつながる。

さらに、高齢化は自治体にも大きな課題である。特別養護老人ホームなど、介護が必要なお年寄りが地域で安心して暮らせる場所は今でも不足している。介護職や看護師をどう確保するのかなど、難題が山積みである。国と自治体が一体となり、高齢者住宅の整備や、医療・介護の充実に取り組むことが必要であろう。

このような危機的な状況になるまで、国はいったい何をやっていたのであろうか。次章で、国の少子化対策を見てみることとしよう。

# 第二章　国と自治体の少子化対策

## 一　海外の少子化対策

### 少子高齢化とは何か

生まれる子どもの数が減っている。しかし、誕生から命の終焉までの平均寿命は延びているので、高齢者が増えている。これが少子高齢社会であり、今日の社会問題である。少子化が進むと働き手が次第に少なくなる。

健康保険は病気やけがをしたときの治療費の大部分を負担してくれる。体が不自由になったり認知症になったときには介護保険が役に立つ。社会保険は、働く人の保険料を企業が二分の一を負担して、国が社会保障費を捻出する。お年寄りは年金が頼りである。

働き手が少なくなると、これらの保険料はどうなるのか。一九六五年の日本は、二〇歳から六四歳までの人が多く、六五歳以上の人の九・一倍も存在した。お年寄り一人を二〇歳から六四歳までの九人以上（九・一倍）で支えることができた。二〇一〇年には二・六人、二〇二五年には一・八人で支えねばならなくなる。

この状態が進むと、労働者の保険料は上昇し、国の社会保障費も増加、お金が不足する。社会保障の仕組みが潰れないようにするには、子どもの増加が一つの解決方法であろう。

海外でも少子化は起こっているが、各国は必死の対策を施し、それを克服してきた。では、どのような対策をとってきたのであろうか。

## 海外に学ぶ、少子化を防ぐ智慧袋

日本では、一九六〇年代には合計特殊出生率が二・〇を超えていたが、二〇〇九年には一・三七となっている。二〇〇七年のイタリアは一・三七、二〇〇八年のドイツでは一・三八と、先進国の出生率が少しずつ減り始めている。

仕事を続けながら子どもを育てるという仕事と家事の両立は、思いのほか難しい。そこで出産後も仕事を続けられるよう、海外では国や地方自治体がさまざまな対策をとっている。その結果、フランスやスウェーデンのように、二〇〇〇年代になって合計特殊出生率が二・〇程度にまで回復している国もある。

女性が出産後に仕事をそれまで通り続けることは、体力的にはなかなか大変なことである。日本では、第一子出産前に仕事をしていた女の人で、子どもを産んで仕事を辞めた人が六割にも上る。つまり、一〇人に六人が第一子誕生後に仕事を辞めているのである。子どもを第一に大切に思い、三つ子の魂百までの乳幼児期を愛情豊かに育てたいと願うからであろう。

子どもが生まれてから育児休暇を取得し、仕事を続ける人も三八％ほどいる。しかし、出産や子育てと仕事の両立は、日本社会では困難なことが多い。

お父さんが仕事をして、お母さんは家事をする。一九八〇年代まではこういう家庭が多かった。しかし、だんだんと共働きの家庭が増加しており、母親が仕事をしているあいだは子どもを保育所に預かってもらう必要がある。ところが、都市部では保育園になかなか入れない地域もあり、順番を待つ状況である。

男性の子育ての応援も必要不可欠であろう。日本では、小学校に入る前の六歳未満の子どもを持つ父親の子育ての時間は、一日三〇分ぐらいである。アメリカやヨーロッパ諸国と比べると半分くらいのわが国である。料理・洗濯などの家事の時間を足しても一日一時間くらいしか家の手伝いをせず、アメリカやヨーロッパ諸国に比して三分の一くらいの助力時間しかないのが、わが国の実情である。

男性の労働時間が長いことも、家事を手伝わない一因にあるといわれている。子どもを育てるためには保育費・教育費を始め、たくさんのお金がかかる。「子だくさんの貧乏」などともいわれ、昔から子育てと経済力の関係は問題となっている。

保育費を無料化せよとの提案もあるが、どこの自治体も財政難に苦しみ、第二の夕張市にならないよう必死である。国も手伝って、どういう施策が必要であるか、国家の将来を賭けた検討が急がれる。

では、海外ではどのような子育て支援策が功を奏しているのであろうか。出生率の回復で有名なフランスの事例を次に見てみよう。

## フランスの成功例

子ども増を望むのには、フランス、スウェーデンなどのヨーロッパの国での成功例に学ぶのも一つの方法かも知れない。以前は女性の出産数が減少傾向にあったが、国が子育てのために親が仕事を休める日を増やしたり、保育所を多く設置し、子育てに必要なお金を親にたくさん給付した。

フランスの出生率の回復は有名である。その理由を次の六点にまとめることができる。

一つには手厚い家族給付である。この給付金が出生を促進しており、多子世帯に有利となっている。子だくさんが得する社会なのである。家族政策にかかる財政支出はフランスが三・〇二%なのに比べて、日本はわずか〇・七五%である。フランスでは、第二子から児童手当が支給されるほか、さまざまな家族給付がある。また、N分N乗方式の課税方式というユニークな方法をとっている。家族の所得をすべて合計してN（家族係数。大人一、第一〜二子〇・五、第三子以降一）で割り、その額にもとづいて税額を計算して得た額にNを掛け直し、その世帯全体に対して課税する方式である。家族の人数が多い程、税額が低くなるようになっている。この制度を日本に取り入れるには、厚生労働省試算によると、三年間で一〇兆六〇〇〇億円、現行の約三倍の財政支出が必要である。

二つ目には、保育サービスの充実・多様化があげられる。保育所・保育学校・一時託児所などのほか、認定保育ママが保育需要の約七割をカバーしている。在宅での保育サービス提供者を登録制とし、支払い賃金の五〇%を税制控除する。また、フルタイム労働者が六歳未満の子どもを自宅外に預けた場合、費用の二五%が控除される。

三つ目には労働時間を短くして、男性が家事・育児を分担していることである。フランスの労働時間は週三五時間である。早い時間に帰宅することを政府が奨励（女性は午後六時前、男性は午後七時前に帰宅）しており、半数以上が定時で帰宅する。日本では、夜一〇時過ぎの東京駅発の列車が帰宅者で混雑している状況である。さらに多様な保育サービスの充実により復職時にフルタイムで働く人が半数を超えている。女性労働力率は、二〇〇三年で比較すると、日本では六五・六％であるが、フランスでは七九・五％と高い。

| | | 産前 | 産後 | 所得補償 |
|---|---|---|---|---|
| フランス | 第1・2子 | 6週 | 10週 | 80% |
| | 第3子 | 8週 | 18週 | |
| 日本 | | 6週 | 8週 | 60% |

日本とフランスにおける母親の産前・産後の休暇日数

四つ目に、フランスは結婚していなくても子どもを生みやすい社会である。二〇〇五年の婚外出生率は四八・三％であり、婚外子に対する差別がない。

欧米では未婚の母や私生児が半数を占め公認である。フランスでは婚外子に対する差別がなく、婚外子の割合が高いことも出生率の回復に寄与している。一九七九年に子どもの平等の原則を宣言して婚外子差別を撤廃した。ただし、嫡出子の二分の一の相続権という差別は維持されている。一九九九年には、法律婚以外のカップルにも法的権利を容認している。二〇〇一年には相続差別も撤廃した。フランスでは子どもは社会が責任を持って育てる。子どもには何の差別もない社会である。

五つ目に、産前・産後休暇に対する所得補償が充実している。母親の産前・産後の休暇取得率を日本と比べたのが上記の表である。日本と比べると、産後の休暇の長さと所得補償の違いが一目瞭然であろう。

それ以外にも、出産・子育てに対して、次のような優遇がある。

・出産後四カ月以内に一一日間（双子以上の場合は一二日間）の休暇
・給与の八〇％までを保障する育児休業制度
・要件を満たせば約六～七万円の手当が支給される大家族カード
・子どもが三人以上いる家庭に割引カードを支給

生活者にとってこのような政府の思いやりや配慮のある社会のフランスで六つ目の成功の叡智として少子化対策が功を奏しているのは、政府が出生率二・〇七という政策目標を立てて家族政策を進めていることである。二〇〇六年の合計特殊出生率が二・〇〇五となり、欧州では最高である。手厚い家族給付は企業の多額の拠出（給付の財源の約六五％）と高い国民負担率（約六三・七％）に支えられている。

## 二　進む晩産化・未婚化

### 晩産化・未婚化が進む日本

二〇一一年の日本の出生数は、戦後に統計を取り始めた一九四七年以降最小を記録している。それに加えて、第一子出産時の母親の平均年齢は三〇・一歳（同〇・二歳増）となり、晩産化が進んでいる。第一子出産時の母親の平均年齢は、一九八〇年には二六・四歳であったが、一九九〇年には二七・〇歳、二〇〇〇年には二八・〇歳となり、晩産化が年々進んでいる。結婚は六六万一八九九組（前年比三万八三一五組減）、離婚は二三万五七三四組（同一万五六四四組減）であった。

男性も女性も結婚しない人が増加傾向にある現在、当然生まれてくる子どもの人数も減少している。未婚の母を厳しい目で見る日本社会では、子どもを生むためには「結婚する」ことが望ましいであろう。結婚後、望んでも子どもに恵まれない人もいることを考えると、いわゆる「できちゃった婚」も、現実的でいいのかもしれない。たとえ性格の不一致や夫の浮気で離婚したいと思っても、父親がだれか分からなくなっては子どもがかわいそうだ、というのが母親としての心情であろう。「わたしのお父さんはだれ？」と、子どもは親に聞くであろう。

| 年齢 | 男性 | 女性 |
|---|---|---|
| 25～29 | 71.4％ | 59％ |
| 30～34 | 47.1％ | 32％ |
| 35～39 | 30％ | 18.4％ |

2005年の男女の未婚率

歳をとったら子どもは生めない。また、残念ながら男性は、いくら自分で生みたいと願っても生めない。早く結婚し、一家庭に三人以上、ときには六～七人の大家族に恵まれれば、日本社会の人口減少は解決するであろう。子育て中の生活手当を十二分に支給しても、国家の繁栄につながれば、国に損はないはずである。早急な人口増施策が望まれるであろう。

結婚していない人の割合を「未婚率」というが、二〇〇五年の調査は、上記の表のようになっている。一生のうち、一度も結婚しない人の割合のことを「生涯未婚率」という。この生涯未婚率を三〇年前と比べると、未婚率と同様に、男女ともに増えている。男の人は、一九七五年では二・一二％だったのが、二〇〇五年では一五・九六％が一度も結婚しないのである。女の人は、一九七五年では四・三二％だったのが、二〇〇五年では七・二五%となっている。

二〇一二年版『子ども・子育て白書』によると、二〇一〇年時点で、五〇歳までに一度も結婚したことのない「生涯未婚率」は、二〇〇五年比で男性は約四・二ポイント増の二〇・一四%、女性は約三・四ポイント増の一〇・六一%と、いずれも過去最高となっている。一九八〇年と比べると、男性は約七倍、女性は約二倍、それぞれ増加した。

また、一八~三四歳の未婚男女を対象に結婚の意思を聞いたところ、「いずれするつもり」が男女とも八割以上なのに対し、「一生するつもりはない」は男性が九・四%、女性は六・八%だった。ただ、一九八七年以降の過去五回の調査を見ると、男女とも「するつもりはない」は、緩やかな増加傾向にあり、独身志向もうかがわれる。

### 自治体が主催する婚活

このような未婚率の増加に対して、自治体が動き始めている。千葉県市原市が「少子化対策」「経済活性化」を目的とした大婚活イベントを開催した。婚活イベントによる成婚によって、参加者を対象に地産地消などを進めたいと地元の期待は大きい。市原市の定例議会では厚生省補助金を含む一般会計補正予算案として、婚活イベントに充てる費用として約二六〇万円計上し、年度内に屋外・屋内での婚活イベントを二回開催する予定であるという。約六〇組成立を目標としている。

元より市原市では登録制の結婚相談も実施し、成婚による流入人口を考慮するなど、自治体としての成婚への取り組みが、街の活性化につながることを期待している。継続は力なり。

自治体が率先しておこなう経済活性化対策が、市原市の思惑通り、大きな流入人口増加につながるのかが注目されている。高滝ダムより奥地の大多喜町寄りの山村集落では、五つもの小学校が閉校されるなど過疎化が進んでおり、観光客増をねらってアートミックスを計画し、圏央道に望みをつなぎ過疎化の解消を望んでいる。

ふなっしーで知られる船橋市なども自治体主導の婚活をおこなっている。都市型農業の将来を担う若手生産者たちに出会いの場を提供しようと、婚活ツアーを企画し、参加女性約二〇人を募集した。バーベキューなどを通じて、自然と互いの距離を縮めてもらうため、市は「全国どこからでも参加してください」と呼び掛けている。

実施したのは市や県、農業団体で構成する「船橋市都市農業対策協議会」である。事務局の市農水産課は「農家側から、結婚していない人が多いので何か企画できないかと要望があった」とツアー開催の背景を説明する。

開催日には午前一〇時半に北習志野駅に集合し、バスで市農業センターに移動、まずは船橋の農業について知ってもらい、隣の「ふなばしアンデルセン公園」でバーベキューやクイズ大会、フォトスタンド作りを実施して、一六時ごろに解散となる。男性陣は二〇〜四〇代の市内の青年農業者約二〇人である。八月から話し方教室や身だしなみ教室を受講し、本番に備えている。

同課は「畑作業は一人ではなく家族でやるのが基本であり、結婚してもらうことが農業経営の安定化につながる。また、子どもができれば将来の後継者にもなる」とツアーの成功に期待している。女性側の参加条件は二〇歳以上の独身女性で、少額であるが参加料がかかる。応募方法は、はがきで、応募多数の場合は抽選となる。

晩産化・未婚化が進めば少子化に拍車がかかるのは、火を見るよりも明らかである。地方自治体では結婚希望者のニーズをくみ取ってイベントを開催し、人口流入に期待をかけている。必死さは伝わるが、遅きに失した感もあろう。果たして国の取っている少子化対策は的を射ているのであろうか。次に、国の少子化対策を見ていくこととしよう。

## 三　国の少子化対策

### 日本の少子化の現状

日本では、一九七〇年代半ば以降、三〇年間にわたり、出生率・出生数の低下傾向が続いている。二〇〇五年の出生率は一・二六であり、統計を取り始めて以来、初めて総人口が減少に転じ、**人口減少社会が到来**した。現状のまま少子化が進行すると、五〇年後には四〇〇〇万近い人口が減少し、六五歳以上の人口の割合である高齢化率が四〇・五％に達し、超少子高齢社会が到来する。

少子化の一因としては、日本はほとんどの子どもが結婚した夫婦から生まれて一人親は肩身が狭いという社会状況と、未婚化・晩婚化の進行があげられる。さらに、一組の夫婦が生む子どもの数が減っているという傾向もある。少子化の進行などによる急速な人口減少は、経済産業や社会保障の問題に止まらず、国や社会の存立基盤にかかわる問題である。

少子化対策は国の最重要政策課題の一つに位置づけられ、内閣総理大臣のもと「検討会議」を設置し、新たな少子化対策を検討している。

国としては、児童手当における乳幼児加算の創設や、育児休業給付の給付率アップ（四〇→五〇％）、不妊治療助成額の増額（一〇→二〇万円）などに取り組んでいるが、果たしてそれでだけで人口増に転じるのであろうか。

## 国の少子化対策の動向

一九八九年の出生率が一・五七になったことを契機に、一九九〇年代半ば以降国は少子化対策を急いで始めた。その対策は四点にまとめることができる。

第一に保育サービスを中心とした施策である。一九九四年「エンゼルプラン」が策定されて少子化対策が始まった。「保育所の増設」「延長保育」「地域子育て支援センター」の整備など、「緊急保育対策等五か年事業」が実施された。一九九九年には「少子化対策推進基本方針」と「新エンゼルプラン」が策定された。このプランは「エンゼルプラン」と「緊急保育対策等五カ年事業」などを見直したものである。二〇〇一年には保育所の「待機児童ゼロ作戦」が進められている。

第二に、「少子化対策プラスワン」「保育と仕事の両立の支援」「ワーク・ライフ・バランス」という軸が加わった。言うまでもなく、保育サービス対策は働きながら子育てする人向けの施策であり、未就学児を抱えながら就労する女性を対象としている。さらに、保育サービス対策に加えて、「男性を含めた働き方の見直し」「地域における子育て支援」の取り組みに幅が広げられた。二〇〇三年には、「少子化社会対策基本法」と「次世代育成支援対策推進法」が成立し、企業と自治体に対する従業員の仕事と子育ての両立支援のための行動計画を策定した。二〇〇七年には「子どもと家族を応援する日本」という重点戦略が加わり、働き方の改革によるワーク・ライフ・バランスの推進と、包括的な次世代育成支援を両輪として具体的な施策が進められ、新生児から大学生までの子どもを対象とした子育て支援にまで拡充する方向が示された。

第三に、「育休法」がある。この法律は一九九二年に施行されて、その後、相次ぎ改正された。二〇一〇年には「子ども・子育てビジョン」のもと、社会全体で子どもを支えるとともに「生活と仕事と子育ての調和」を目指した。さらに、「幼保一体化等の検討」「待機児童解消のためのプロジェクト」が子ども子育て新システム検討会議において検討され、実施される方向となった。

第四に、二〇一二年の「子ども・子育て支援法」の成立である。消費増税分の七〇〇〇億円を含む一兆円が毎年保育サービスの充実に充てられる。認定こども園の設置を容易にし、保育所の増設や幼稚園の預かり保育の拡充などがなされる。

これらの政策の流れを示すと、次のようになる。

一九八九年　一・五七ショック　※合計特殊出生率が過去最低を記録

一九九四年一二月　エンゼルプラン＋緊急保育対策等五か年事業　一九九五～九九年度

一九九九年一二月　新エンゼルプラン　二〇〇〇～〇四年度

二〇〇三年　七月　少子化社会対策基本法

二〇〇四年　六月　少子化社会対策大綱

二〇〇四年一二月　子ども・子育て応援プラン
二〇〇五～〇九年度

二〇〇六年　六月　新しい少子化対策について

二〇〇七年一二月　「子どもと家庭を応援する日本」重点戦略
仕事と生活の調和（ワーク・ライフ・バランス）憲章
仕事と生活の調和推進のための行動指針

二〇〇八年　二月　「新待機児童ゼロ作戦」について

二〇一〇年　一月　子ども・子育てビジョン
二〇一〇～一四年度

この「エンゼルプラン」と「新エンゼルプラン」を進めた一〇年のあいだで、保育所の数を増やしたり、〇～二歳児の保育を進めたり、保育時間を長くしたりするなど、保育サービスの向上に取り組んできた。それでもまだ、男性が忙しく働いていたり、保育所が足りなかったり、なかなか少子化を防ぐことができなかった。

二〇〇四年一二月には五年間を目標とした「子ども・子育て応援プラン」がつくられた。この計画をもとに、仕事と家庭が両立できるように働き方を見直したり、地域で子育てを支え合う仕組みをつくったのである。

## 子ども・子育てビジョン

そして、六年後の二〇一〇年一月に「子ども・子育てビジョン」ができた。このビジョンは、子育てをする人たちの立場で、子どもを生んで育てるという希望がかなえられる社会をつくっていくことを目指している。これまでは育てる側の視点で政策を進めていたのであるが、それを逆転して「子どもが主人公」という考え方に転換したのである。子育てを家族や親だけでするのではなく、社会全体で支えていこうという取り組みである。

子育て中の家庭への支援として、中学校までの子どもを育てている人に毎月お金を支給する「子ども手当」や、高校の授業料を無料にする取り組みが始まっている。

また、より多くの〇～二歳の子どもたちが保育サービスを受けられるようにしたり、小学校低学年の子どもたちが安全な場所で安心して過ごすことができるために放課後児童クラブを増やしたりしている。

社員の子育てを応援する会社や、地域で子育てを支援する場も増やす。お父さんが子育てのために会社を休んだり、子育ての時間を増やすために仕事から早く帰ったりすることができる取り組みも進めている。

子どもと子育てを応援する社会を目指すのが「子ども・子育てビジョン」の考え方である。家族や親だけで子育てをすると個人に負担がかかる。そこで、社会全体で子育てを支えることで、家族や親の個人的負担を軽減し、個人の希望も実現できるようにしようという理念である。

このビジョンでは子どもが主人公である。子どもを社会の一員と位置づけ、社会全体で子どもと子育てを応援するのである。単なる「少子化対策」から「子ども・子育て支援」へと政策がシフトしている。子育てをする親や子どもたちの目線で、政府が支援する。生活と仕事と子育ての調和を目指して、子どもの成長、子育て、個人の生活、仕事など、すべての面から家庭生活を考えるのである。

今、若い人のなかには、未来の生活に不安を感じて結婚や子どもを生むことをあきらめる人もいる。仕事が忙しくて、子育てをする時間が少ない人も多い。そこで「子ども・子育てビジョン」では、子育てだけを応援するのではなく、生活と仕事と子育てすべてを応援し、子どもを生み育てるという希望がかなえられる世の中にしていこうと取り組んでいる。

わたしの孫たちも保育ママに見てもらって助かったと、東京都世田谷区に住む娘は語っていた。三〇年以上前から話題となり語られていた幼保一体化（こども園への一本化）に全国私立幼稚園連合会は慎重である。

幼稚園には、建学精神・学校教育法第一条校としての私学助成もあり、二歳児から週に四日間受け入れている未就園児幼児教室もある（週に五日間預かると現状では法律違反になる）。延長保育も実施しているので活用も可能であり、政策制度次第により住民要望型に近づく状況にあろう。

| | |
|---|---|
| 子育て家庭などへの支援 | ・子ども手当の創設<br>・高校の実質無償化 |
| 保育サービスの充実 | ・保育所を増やすことによって、〇～二歳で保育所に入ることができる子どもの人数<br>現在　四人に一人（七五万人）　⇩　五年後　三人に一人（一〇二万人） |
| 放課後児童クラブの充実 | ・放課後児童クラブを増やすことによって、主に小学校一～三年で放課後児童クラブを利用できる子どもの人数<br>現在　五人に一人（八一万人）　⇩　五年後　三人に一人（一一一万人） |
| 企業の取り組みを促進 | ・社員の子育てに対して積極的に支援している会社ぐるみの認定企業を増やす<br>六五二企業　⇩　二〇〇〇企業 |
| 地域の子育て力を強化 | ・すべての中学校区に地域子育て支援拠点を整備<br>七一〇〇カ所　⇩　一万カ所<br>商店街の空いているお店や、学校の教室・幼稚園などを活用する |
| 男性の育児参加 | ・子どもができたときに、子育てのために仕事を休む男性を増やす<br>一〇〇人に一人（一・二三%）　⇩　一〇人に一人（一〇%）<br>・六歳未満の子どもを持つ男性の、一日の子育てや家事の時間を増やす<br>一日で六〇分　⇩　一日で二時間三〇分 |

## 子ども・子育て新システム

二〇一三年度から導入された「子ども・子育て新システム」では、子ども・子育て施設について、新たな取り組みを始めている。

保育ママや二〇人未満の小規模保育所などが受ける支援は、

・保育士の共有や保育を合同で実施

・子どもの交流

・給食の提供や事務作業の共同処理

などである。

幼稚園と保育所の垣根を取り払った幼保一体化施設などの合同保育「こども園」との連携を強化し、合同保育をおこなうなど、小規模保育の後方支援を充実する方針を固めた。提携する「こども園」は、新設の幼保一体化施設のほか、幼稚園・乳児保育所などである。待機児童の多い〇～二歳児の受け皿となる小規模保育を支援して質の向上をはかり、待機児童の解消につなげようとしている。

小規模保育所は、放課後には児童クラブとしても活動し、地域の子育て支援拠点とする。また、一時預かり所も併設する。人口減少地域に対する特例として、小規模保育を三歳以上でも利用可能とし、より家庭に近い場所で預かり先が見つけられるようにする。このように、多様な子育てニーズに応える一体的なサービス提供態勢を構想しているのである。

現在も保育ママはいるが、新施策では「連携の確保」を明記し、市町村による調整も可能とする。保育ママは、家庭的な環境で子どもを預かることができる半面、ほかの子どもと接する機会が少ないので、密室化を懸念する声がある。そこで、大きな施設との連携や交流を深めることでその懸念を解消し、保育ママが相談したり、助言が受けられるようにする。

「こども園」は、幼稚園と保育所の垣根をなくし一体化することを柱とする政府の新しい子育て提言施設である。待機児童を解消し、就学前のすべての子どもに教育と保育を提供することが狙いである。

幼稚園と保育所で別々だった国の所管や補助金なども一本化する。当初、すべての育児施設を一体化することを検討したが、関係者の反発で断念した。幼稚園と乳児保育所のほか、新設する一体化施設が併存する形となり、その総称を「こども園」とした。

## 岐阜県の少子化対策への取り組み

国ばかりではなく、県単位でも少子化対策は進んでいる。ここでは岐阜県の事例を紹介しよう。

岐阜県でも出生率の減少傾向が続いている。二〇〇五年には出生率が一・三七となって初めて県人口が減少するとともに、二〇〇六年には出生数から死亡数を引いた人口の自然増減も初めて減少に転ずるなど、本格的な人口減少社会に突入している。

県としては、少子化対策を県政の重要な課題と位置づけ、二〇〇七年三月に少子化対策の基本条例として「安心して子どもを育てることができる岐阜県づくり条例」を制定した。「岐阜県少子化対策基本計画」五カ年計画を策定し、各年度の少子化対策の全体像である「岐阜県少子化対策総合プログラム」の三点セットで少子化対策を推進している。

「子育てにやさしい社会づくり」として、条例で毎月八がつく日を「早く家庭に帰る日」と定め、子どもと触れ合ったり、家族だんらんで過ごしてもらっている。また、一八歳未満の子どもがいる世帯にカードを交付し、キャンペーン参加店舗でカードを見せると割引などの特典が受けられる「子育て家庭応援キャンペーン事業」などを、県民運動として取り組んでいる。

「地域で支える子育て支援」として、子育てに関する総合相談窓口を設置し、子育て相談、情報の収集・提供などをおこなうとともに、子育て経験があり、子育て活動に理解と熱意がある人材を「子育てマイスター」に認定し、個別の相談や一時預かりサービスなどを実施してもらう制度を進めることとしている。

さらに「仕事と家庭の両立」として、従業員の子育て支援に積極的に取り組む中小企業の登録制度をつくり、ホームページによるPRやインセンティブの付与を通じて企業の子育て支援の取り組みを支援するとともに、出産や育児を機会に離職した女性の再就職をサポートする研修事業も実施している。

## 国の少子化対策の効果は？

一九九四年に少子化対策が開始されて以降、二〇年が経過しようとしている。国の施策努力にもかかわらず、今日も出生数・出生率について効果は表れていない。

少子化対策は事態が深刻になってから始まった。多額の予算を投じてさまざまな施策をおこなったものの、出生率は回復していないのが今日の状況である。少子化を止めなければ、国および国民生活は持続できない。

繰り返すが、少子化対策は「出生率の回復」に目標があるはずであるが、既存の政策はこの目標を達成できていない。国は約二〇年にもわたって対策をとってきたが、少子化の克服に結びついていない。そこで専門家は、政策を検証した結果、国の施策は的外れではなかったかと、政策の欠陥を指摘し始めている。

**なぜ出生率は回復しないのか?**

現段階で、五つの問題点を指摘できる。

一、少子化の要因の分析は適切であったが、それに対応した政策が不適切であった。

二、少子化に対応した政策も実施されてきたのであるが、財源不足などから十分ではなかった。政策の量的な問題である。

三、「夫は仕事、妻は家庭」という家族形態を国民が望まなくなり、家族観が変わった。性別による役割分担から共働きへという価値観の変化が起きている。こうした変化に社会制度が追いつかない。

四、未婚化に要因がある。非正規雇用が増えて労働者の収入が低下した。

五、従来、都市で低く地方で高いという出生率の基本構造が崩れ、地方の出生率も低下した。

首都圏では人口が増えている県もあり、地方ほど顕著な人口の減少傾向は見られない。それが札幌や首都圏の大都市の様相であろう。だが安心してはいられない。日本全国、ほとんどの市町村では高齢少子化が進み、小学校の統廃合が続いているのである。

高校を卒業して首都圏の大学に学び、父母が健在のあいだは、盆と正月、夏休みなどには帰省するものである。しかし、学校を卒業して都会で就職すると、交通費をかけてまでふる里に帰らなくなる。田舎には希望する就職先も少ない。月日も経ち、父母は加齢し老・病・死を迎える。田舎の家は空き家になる。最初は親戚の人が家の庭の草をとり、畑を耕してもくれるが、その親戚も高齢者となり空き家は放置状態となる。空き家としての放置は犯罪も懸念されて不用心なため、市町村は空き家に住みたいという希望者を募り対応をするものの、「若者の定住」がない限り過疎化は超スピードで進んでいく。地方ではどの市町村もこのような問題に頭を抱えている。

市町村長は、政権の重点政策として子育て日本一を課題とし、子育ての街を市民と約束して市長選を戦い、当選はしたものの、国の政策を鵜呑みにして実施するのみで特別な地域の活性化の叡智や施策はない。そのためストップ・ザ・少子化が実現できない。リーダーの施策のなさによって、地域社会は確実に少子化、さらには過疎化へと向かう。
このように市町村は苦しみもがいている。無策であれば地域の活性化はおぼつかない。観光に訪れる旅行客は一定の経済効果をもたらすため、その交流経済効果に安住してしまう。地域活性化は地域に若い世代が住み続け、にぎやかな子どもの声がする家庭が増えない限りは解決しない。ここに焦点を当てた人口増施策が見られない。少子化対策を重点政策としない限り、市町村の人口は減少が日々進み、いずれは人の姿が見られなくなる状況にあるのだが、叡智が不足している。

**国民が望む政策が必要**

二〇〇五年三月発表の内閣府「少子化社会対策に関する子育て女性の意識調査」によると、少子化対策として女性が必要としている政策の一～三位は次のようになっている。

一位……経済的支援（六九・九％）
二位……保育所の充実（三九・一％）
三位……休業・短時間勤務制度（三七・九％）

日本では、出産などを機に離職する女性が多いため、三〇代の女性の労働力率が低下する。労働や育児にかんしては、男女で役割を分担するという意識が強いため、男性の育児参加をどのように進めていくかという課題がある。若い女性は、子どもを生むか、仕事をするかを選ばなければならない状況にある。女性が子どもを生み、子育てをしながら仕事も続け、地域や社会に参加できる環境づくりが重要である。子どもをつくる若い世代のニーズをよく把握して声をくみ取り、それに一つひとつ応えていくことが重要であろう。フランスも、以前は日本と同じような状況であった。

日本型の政策が必要であることはいうまでもないが、国が目標値を設定して政策を実施することが大切である。そのなかで重要なのは、夫婦が生みたいと思う数の子どもを生めて、子どもを最上の条件の下で育てることができるように政府が支援することである。出生奨励策は、児童手当など一時的な経済支援だけで可能になるのではない。何よりも、子どもをつくる若い世代のニーズに耳を傾けること、声をくみ取ることが重要である。

# 第三章　中絶禁止と人口増

## 一　隠された人口減少の理由

### 中絶天国日本

この数年間、ふる里の創成活性化論をテーマに、筆者は少子化の原因を探ってきた。晩婚化や晩産化も少子化の原因であった。出生率を上げるには、夫婦が仕事を続けながら子育てができるような政策が必要である。果たして出生率の回復に必要なのは、これだけであろうか。実は、人口減少の問題はわたしどもの生命倫理と大きく関係しているのである。「中絶天国日本」という悲しい現実を読者はご存知であろうか。

日本の人工妊娠中絶実施件数は、

二〇〇八年……二四万二三二六
二〇〇九年……二二万六八七八
二〇一〇年……二一万二六九四

二〇一一年……二〇万二一〇六
二〇一二年……一九万六六三九

であり、毎年、二〇万人前後の尊い命が失われている。日本は医療技術に定評があり、東南アジアなどから日本を訪れて中絶する人も加えると、年間一〇〇万人以上が日本で中絶している驚天動地すべき年もある。

一人の命ですら尊い。人命救助や生命倫理に取り組む人たちにとっては、この数値は愕然とするであろう。「中絶天国日本」という現実を知らされる。

だれもが見て見ぬふりをし、中絶禁止の声は小さい。日本の国の将来を思うとき、かわいい子どもたちの姿がふと浮かび、「胎児の生存権を奪わないで!」と叫びたくなる。人工中絶が日本社会へ及ぼす影響の大きさを思い、そして中絶天国の汚名返上を願わずにはいられない。今日でも毎年二〇万人前後の中絶が当たり前の習慣のごとく平然とおこなわれている日本社会の現実に直面するとき、悲歎述懐せざるを得ない。

人間の悪行には必ず報いがある。全国の自治体の半数が消滅の危機にあるという現実は、悪行の報い以外の何ものでもないと思うのはわたしだけであろうか。「中絶天国日本」という汚名は、「エコノミックアニマルズ」という汚名とともに日本の恥であり、何よりも日本

人工妊娠中絶件数および実施率の年次推移

（単位：件）

| | 2008 年度 | 2009 年度 | 2010 年度 | 2011 年度 | 2012 年度 |
|---|---|---|---|---|---|
| 総　　数 | 242,326 | 226,878 | 212,694 | 202,106 | 196,639 |
| 20 歳未満 | 22,837 | 21,535 | 20,357 | 20,903 | 20,659 |
| 15 歳未満 | 347 | 395 | 415 | 406 | 400 |
| 15 歳 | 976 | 947 | 1,052 | 1,046 | 1,076 |
| 16 歳 | 2,771 | 2,548 | 2,594 | 2,831 | 2,701 |
| 17 歳 | 4,247 | 4,031 | 3,815 | 4,099 | 4,038 |
| 18 歳 | 6,071 | 5,683 | 5,190 | 5,264 | 5,344 |
| 19 歳 | 8,425 | 7,931 | 7,291 | 7,257 | 7,100 |
| 20～24 歳 | 56,419 | 51,339 | 47,089 | 44,087 | 43,269 |
| 25～29 歳 | 51,726 | 48,621 | 45,724 | 42,708 | 40,900 |
| 30～34 歳 | 49,473 | 45,847 | 42,206 | 39,917 | 38,362 |
| 35～39 歳 | 43,392 | 41,644 | 39,964 | 37,648 | 36,112 |
| 40～44 歳 | 17,066 | 16,544 | 15,983 | 15,697 | 16,133 |
| 45～49 歳 | 1,379 | 1,302 | 1,334 | 1,108 | 1,163 |
| 50 歳以上 | 22 | 27 | 25 | 21 | 14 |
| 不詳 | 12 | 19 | 12 | 17 | 27 |
| 実施率（女子人口千対） | | | | | |
| 総　　数 | 8.8 | 8.3 | 7.9 | 7.5 | 7.4 |
| 20 歳未満 | 7.6 | 7.3 | 6.9 | 7.1 | 7.0 |
| 15 歳 | 1.7 | 1.6 | 1.8 | 1.8 | 1.8 |
| 16 歳 | 4.7 | 4.4 | 4.4 | 4.8 | 4.7 |
| 17 歳 | 7.2 | 6.8 | 6.5 | 6.9 | 6.8 |
| 18 歳 | 10.0 | 9.6 | 8.8 | 8.9 | 8.9 |
| 19 歳 | 13.3 | 12.9 | 12.4 | 12.1 | 12.0 |
| 20～24 歳 | 16.3 | 15.3 | 14.9 | 14.1 | 14.1 |
| 25～29 歳 | 13.8 | 13.2 | 12.7 | 12.0 | 11.8 |
| 30～34 歳 | 11.2 | 10.8 | 10.3 | 10.0 | 9.9 |
| 35～39 歳 | 9.1 | 8.7 | 8.3 | 7.9 | 7.8 |
| 40～44 歳 | 4.1 | 3.9 | 3.7 | 3.4 | 3.4 |
| 45～49 歳 | 0.4 | 0.3 | 0.3 | 0.3 | 0.3 |

注：2010 年度は、東日本大震災の影響により、福島県の相双保険福祉事務所管轄内の市町村が含まれていない

社会を消滅に導くであろう自業自得の悪行なのである。

フランス並の出生率二・〇以上を望むとすれば、婚外子も含めて子どもたちが差別なく暮らしてゆける、一人ひとりの人命を尊ぶ社会の構築を急ぐべきである。さもなくば、人口減少社会が延々と続いて、日本社会は人口減で消滅の危機を迎えると予測される。

## すぐれた人工中絶技術を持つ日本

医療レベルは高く世界上位に位置しており、皮肉にも中絶技術は安全性に問題はない。厚生労働省の研究班は人工妊娠中絶について調査しており、中絶の安全性にかんする結果を公表している。

中絶をおこなう産婦人科医（母体保護法指定医）が勤務する全施設（四一五四施設）に、二〇一二年の一年間におこなった中絶が対象である二四三四施設（五九％）から、約一一万件の報告があった。国内で同年におこなわれた中絶の半数に相当する。

調査の結果、中絶全体の合併症の件数は三九一件、妊婦死亡は一件で、その頻度は、米国や英国と比べて高くはなかったという。

一二週未満におこなう初期中絶を見ると、

搔爬法（胎児をかき出す）……三三％
吸引法（吸い取る）…………二〇％
併用法（両方使う）…………四七％

の三つに分かれた。世界保健機関は初期の手術では吸引法を推奨している。搔爬法は、吸引法に比べ摘出が不十分で再手術が必要になったケースが多かったが、子宮に穴を開けてしまうなどの重い合併症が起きた割合などには明らかな差はなかった。

日本の中絶は「安全」であるという調査結果であるが、中絶を社会の慣習として容認するかのごとくに受け止められる危険がありはしないか。可能な限り生命の誕生を願うというビジョンや、近世以降の人口減少による停滞を憂いた「間引き禁止」の文言は見られない。中絶による妊婦死亡も見られるが、合併症の頻度は欧米並としている。中絶の報いは家庭に大きな影響を与え、子どもが欲しいときに恵まれない体になることもある。

毎年二〇万人前後、二〇年間で四〇〇万人、五〇年で一〇〇〇万人の子どもたちの尊い命が奪われていながら、人口が増えないと歎いている。もし二〇年間で四〇〇万人の子どもが生きており、その家族が次世代もその次の世代も子どもに恵まれれば、人口増は望めたであろうに。

## 人工中絶にかんする法律と社会の動向

一八八〇（明治一三）年に刑法において堕胎罪が規定され、一八九九（明治三二）年には産婆規則が制定された。そうして「生めよ増やせよ」の国家政策により、堕胎の犯罪性は強化され、人口が急増した。

一九二六（昭和初）年になると、避妊や中絶は一部の豊かな者が快楽のためにおこなう不道徳な行為と見る傾向が表れた。しかし現実には、貧富・階級を問わず、生活を守りたい人の最後の手段であった。

一九四一年、政府は二〇年後の人口一億人達成を目標とする「人口政策確立要綱」をまとめたが、敗戦により頓挫し、一九四八年にようやく優生保護法（後の母体保護法）が成立した。

日本における避妊剤使用の遅れが中絶へと走らせたが、一九五五年にはその数一一五万に上り、「中絶天国ニッポン」などといわれ、海外からも中絶を目的でやってくる者も増えた。

一九七〇年七月、朝日新聞のシリーズ記事「ゆれる優生保護法」が水子について取り上げた。「供養」の実態と三カ月までの胎児が汚物として処理される矛盾をつき、「中絶は胎児を抹殺する行為」「母性の喪失」といったキャンペーンがはられた。中絶は生まれた子の生命にひとしい胎児の抹殺として、子捨て・子殺しと同一視され、母性を喪失した母親の身勝手な行為として非難の対象にされたのである。

優生保護法によって一定の条件のもとに是認される人工妊娠中絶に問題がある。一九四八年に成立した優生保護法は、一九九六年の法改正により法律名が母体保護法に変更されるとともに、優生学的思想に基づいて規定されていた強制断種などにかかわる条文が削除され、「優生手術」の文言も「不妊手術」に改められた。胎児の生命が尊重される一方で、育児には環境や住居、養育労力や教育経費の問題といったマイナス要因がある。豊かでなごやかな家庭生活を求めて少子化志向が進み、その結果中絶に及ぶケースが見られるようになった。

一九八一年の優生保護統計によれば、中絶件数は六〇万件弱に及ぶ。「中絶の経験あり」と答えた人が最初に中絶を受けたときの感想としては、「悪いことをしたと思った」が三八％、「胎児が可哀そうだと思った」が四〇％、「別に気にとめなかった」というのが八％であった。

人工中絶は尊い命の殺生である。毎年政令都市が一つ消えるほどの殺生が現実としておこなわれている。この尊い命を守り、胎児の生きる権利を認め、生命倫理の高揚によって堕胎を押しとどめることはできないのであろうか。

少子化に悩む二一世紀の日本にとって、問題の所在はここにあるはずである。人口増社会を望むならば、ここに重要な鍵概念があるように思われる。日本列島には過疎化の波が押し寄せ、先細り、人口減少社会を迎える。今のまま進めば国力は低下し、一〇年後、二〇年後、経済大国の国家の品格は完全に失われる状況にある。

## 人工妊娠中絶の社会への影響は大なるものがある

母体保護法のもとに容認される人工妊娠中絶は、人口問題や社会道義・秩序とも深いつながりを持っている。中絶をすれば胎児の生命は闇に消える。「人間の生命を受胎の初めから至上のものとして尊重すること」とヒポクラテスの誓いにあるとおり、やがて大人になる胎児にも生きる権利があろう。中絶の禁止が望ましい。胎児は誕生すれば成長して大人になる。生命への畏敬を哲学・信条として尊ぶ人たちも少なからずいる。

いくら少子化対策を施しても、人工中絶をして子どもを生まない若い人たちが存在する限り、この国の少子化対策は器から水が漏れるように失敗に終わるに違いない。ストップ・ザ・少子化、そして人口増社会を望むならば、中絶を禁止し、誕生した子どもと母親などの家族の生活を国が保障し、婚外子も差別されない新しい二一世紀社会を作り上げなければならないであろう。

この数年、わたしはふる里の活性化を願いつつ少子高齢社会、特に少子化対策に関心を持ってその原因を探究してきた。少子化の一要因が「中絶天国日本」にあることをここに悟ることになった。人命の尊さに覚醒するためには、生命倫理の教育も必要であろう。政策制度も大切であろうが、史実を見ると、そこには僧侶が村の子どもを保護・養育するという活躍もあり、政策のみではいかんともし難い現実がある。少子化社会と僧侶の役割については節を改めて語るが、教育者や僧侶、宗教者の果たす現代社会への役割が論点として問われることにもなる。

# 二　近世・近代の堕胎

## 生活の豊かなる者

徳川時代は無事泰平の世であり、商工業の発達が見られた。生活が最も豊かなのは町民であり、黄金の力で豪奢な生活を送り、不純不義な歓楽、奢侈《しゃし》淫楽《いんらく》、私通・姦通が日常茶飯事であった。避妊の知識のない時代である。浮気相手の婦女子とのあいだに、堕胎の悪習が蔓延した。幕府は厳しく取り締まったが色恋の風潮は消えず、一層堕胎の弊風を助長した。特に都会では間引き・殺児が多くおこなわれた。原因は淫楽にあった。世間の目もあり、出生前に堕胎して不義密通を隠蔽せざるを得なかった。

壮年期は男盛り、血気盛んであり、煩悩は激しく燃える。女性も男を選り好みすることもあり、男に迷い溺れる者もあった。男と女の恋愛物語の果てに女性は男を知り、その結果身ごもる。

都会では堕胎薬を内服したことが井原西鶴の『好色一代女』にも見える。この風習は町民や武士階級のみならず幕府の大奥ですらおこなわれ、徳川御三家の一つである水戸家でもおこなわれていた。

当然一般庶民のあいだでも堕胎・間引きがおこなわれた。経済上、子どもを養育し難い者は産児制限をするという弊風のため、一六四六（正保三）年、江戸で堕胎の看板を掲げて子おろしを業とする堕胎業を禁じたものの、曖昧な看板をあげて堕胎薬を売るところも公然の秘密として街にはあった。

寛永年間に書かれた『吉原徒然草』では、中篠流産科を伝えた産婆が堕胎を生業としており、専門女医も活躍したことが知られる。

## 飢饉と天災

江戸時代には歴史上最も有名な享保期、天明期、天保期の三大飢饉があった。

享保の飢饉は、一七三二年の長雨と蝗虫《うんか》の害によるもので、その被害は西日本一帯にわたり、飢餓で苦しんだ人が約二〇〇万人に上った。米価が四〜五倍に跳ね上がり、翌年には江戸の米問屋高間伝兵衛《たかまでんべえ》宅が打ちこわしにあった。

江戸中期以降慢性化していた凶作は、天明期になると頂点に達し、冷害や洪水にともなって米の収穫が少なくなった。一七八二〜八七年の長雨と浅間山の噴火による冷害などの被害は日本全国に広がった。そのため米価は高騰し、全国的な大飢饉となった。その被害のありさまは次のように記されている。

出羽、陸奥の両国は、常は豊饒の国なりしが、此年はそれに引かえて取わけての不熟《ふじゅく》（穀物が実らない）にて、南部、津軽に至りては、余所《よそ》よりは甚だしく……恐ろしかりし年なりし。（『後見草《あとみぐさ》』）

大飢饉の村郷《さと》は、食物《くいもの》の類としては、一品《ひとしな》もなく牛馬の肉はいうも更なり。犬猫までも喰尽《くいつく》し、されどもついには命を保ち得ずして、餓死せしも数多《あまた》ありし……（『凶荒図録』）

特に奥州地方の被害がはなはだしく、弘前藩では八万人の餓死者が出て、領内にある田畑の約三分の二が荒廃した。仙台藩では四〇万人の餓死者が出た。幕府や諸藩は津留（物資の領域外への移出を禁止）・穀留などの処置を講じたが、それがかえって飢餓の被害を一層深刻化させ、江戸を始め、各地で打ちこわしが起き、老中田沼意次は失脚した。

一八三三〜三六年の天保期の飢饉は社会不安を醸成し、窮民が蜂起して一揆や打ちこわしなどが起こり、幕藩体制が危機に瀕するほどであった。

## 飢饉と間引き

このような飢饉に襲われると、多くの農民が間引きをし、村から逃げ出した。

間引きとは、家に子が多くて養育しがたいときに、口減らしのために生児を殺すことである。本来、農作物の密植を適当に引き抜いて、畑の野菜などを十分生育させるため、あいだの苗を抜いてまばらにすることである。よい株を選んで育てるのと同じように考えたところから、間引きは生まれたばかりの子どもを殺すことにも使われるようになった。狭義には出産以後の嬰児《みどりご》（一歳未満）の命を絶つことであり、堕胎は胎児を自然の分娩期に先立って人為的に母体外に排出させる「子おろし」である。胎児が母体外で生命を維持することのできない時期に、手術によって胎児を流産または早産させるのである。第二次世界大戦前までよく使われた用語で、それ以降はもっぱら「人工妊娠中絶」という用語が使われた。

この時代には、一人か二人の子どもを育てたら、後は「省く」といって殺すことが多く、特に女子は大方殺すのが普通だったという報告もある。

幕府は労働力の減少や田畑の荒廃などを防ぐため、一七六七年に「間引き禁止令」を出し、間引きを阻止するため、厳罰・教化しようとした。諸藩のなかには、妊婦の登録や出生・死産の届出を義務づけ、養育料の支給などの措置を講じたところもあった。これらの措置をとってもなお間引きは続き、一八四三年の人口調査では、人口二六九〇万八〇〇〇人と、ほとんど横ばいになっている。墓地や道の傍らに立つ石地蔵の多くは江戸時代後期に建てられたもので、間引きなどで命を奪われた子どもたちへの供養の気持ちから建立されていることが多い。以降、各地で水子供養が盛んにおこなわれるようになった。

間引きは何ら反道徳的でないと考えられたその道徳観に、日本の民俗文化の特色があろう。しかし間引きが近世人口の停滞をもたらした。

## 間引きの理由

間引きに至る最大の理由は生活の窮乏にあった。貧困による生活難が根本的原因なのである。

当時幕府は重農主義をとっていた。各藩の財政の根本は米であり、封建制度の下では生活の糧として米の生産が重要であった。財源はもっぱら米穀に限り、国内人口を国内米によって養わなければならなかった。

政策も、農民からできるだけ搾取するという方針であった。「胡麻の油と百姓とは絞れば絞るほど出るものなり」というのは有名な言葉である。家康公も「気ままをさせぬが百姓共への慈悲なり」（『東照宮御実紀附録』巻二四）と幕府の方針を示している。百姓は国の宝なりといわれたが、農民は領主によって一切の権限を剝奪せられ、領主に対する租税を納めるための存在でしかなく、「難儀にならぬほどにして気ままをさせぬこと」が治農の根本であった。新田開発・荒地開墾もおこなう必要があり、人手が必要なため、堕胎・間引きを抑制する人口政策がとられたのである。

このため凶作・飢饉の年などは妻子を売り、堕胎・間引きによる家族制限もやむを得なかった。窮乏した農民は生活を守るためにやむを得ず堕胎・間引きをおこなったのである。

生活の貧窮ばかりではなく、習慣として間引くこともあったようである。

国々にては、孕める子を四五月目におろす事あり、是れは国の風にて菜大根を捨つる様のこゝろもちにて、罪とも何とも思わざるなり、又都に遠き在々にては、間引とて安産しいたる子をすぐに殺すよし、皆罪は同じ事なり。（『田家茶話』巻三）

このように、一つの風習として堕胎と間引きがあったことが知られる。

近代になると、次のような六つの理由が間引きの原因としてあげられている（『日本産育習俗資料集成』）。

一、俗信によるもの

・丑年に生まれた次男は兄を食うといわれ、間引きされた（秋田県秋田郡大館付近）。
・双子が生まれればそのよい方、あるいは男女両性ならばその欲しい方を残して他は殺し、便所の角に埋めた（埼玉県浦和地方）。
・双生児の場合は弱い方の子を圧殺した。この場合、先に生まれる子は後に生まれ出る子に追い除けられた弱者なので、先に生まれた子を死なせた。
・双子のことをブタゴなどといって、獣類に近いもののようにいう（鹿児島県大島郡南部地方）。

二、経済的理由によるもの

・多産による生活難と、あまりにオト（弟、妹）が近ければ養育が困難なためにスグリたるものであろう（秋田県北秋田郡大館町地方。現在の大館市）。

・昔、貧家の子、福者が生児を圧死させた例は往々あったと聞く（新潟県南魚沼町塩沢町）。

・貧困者もしくは多産の場合には胎盤とともにこもに包み、ひそかに海に流したものである（福井県大飯郡）。

・困らないが、嫁ぎの足手まといになるためにする（和歌山県有田・日高・西牟婁郡）。

三、世間体によるもの

・親が四〇歳以上であり外聞を恥じるため（島根県隠岐島後）。

・夫婦の高齢時の出産、年寄って出産を恥じる時（広島県福山市）。

四、人間関係によるもの

・姑がむつかしく、多産を忌むため（広島県福山市）。

五、家族計画に基づくと思われるもの

・三人も子があれば、次に生まれるとともに膝で圧殺することを当然と心得ている女も明治初期にはいた（岩手県旧南部領内）。
・子ども三人の家族を理想とした。
・間引きはヘイゴ（押児という）といって、六〇年前まではおこなわれたという。二男一女を残した後はみな殺したという。主として士族のあいだにおこなわれ、姑がそれをおこなったという（鹿児島県伊作町）。

六、私生児や障害児の場合

・以前は貧しい人や多産の人、または夫のない人は堕胎・間引きをしたというが、あまり多くはおこなわれなかったという（長野県西筑摩郡福島、開田）。

堕胎・間引きは常習のもので、地域社会の人々も黙認するという、家族ぐるみのみならず、地域社会ぐるみのいわば共同犯だった。

家族計画にもとづく間引きといいながら、実際は豊かな生活を保つためというよりも、ぎりぎりの生活を維持するための処置であり、地域社会の歴史的、社会的、経済的条件に規定された行為にほかならなかった。家族計画にもとづく間引きのなかには、このような例もあったことを銘記しておく必要があろう。**罪・悪行という意識の欠如**も、理由としてあげられよう。産児制限の方法は堕胎より間引きであり、陰殺が普通におこなわれた。安産した子をすぐに殺す。嬰児も殺した。**生命への畏敬の心がなく、生児を殺すことを罪悪と感じない人間の罪業にも原因**があった。

## 堕胎の方法

間引きと子おろしは近世から明治時代にかけて全国的に存在した。不義密通の結果の処置としておこなわれたケースも多い。

井原西鶴の一六八四（貞享元）年版『諸艶大鏡』に堕胎薬のことが記されている。中篠流の産科医によって考案された水銀入りの膣座薬が「古血おろし」「子腐り薬」と呼ばれて流行した。江戸時代後期には、京都の賀川流産科医が考案した胎児娩出の方法が全国に広まった。こうしたなかで幕府は私通による子おろしの横行を規制すべく、一六四六（正保三）年に江戸市中に堕胎を生業《なりわい》とすることを禁止し、一六六七（寛文七）年には堕胎の看板を掲げることを禁止した。

『日本産育習俗資料集成』によれば、堕胎に至る理由としては「寡婦《かふ》や娘とかが妊娠した場合、多産の家で困っている場合とかに、産婆を頼んで堕胎したらしい」（愛知県）と、不義密通の場合と貧乏で子だくさんの場合と二つの理由をあげているが、都市部同様、多くは前者の場合である。

不義密通などにより父なし子などできた場合に限って堕胎することがある。（新潟県）
私生児のことをナイショゴといい、堕胎したことをオロシタという。（富山県）

等々の代表例を報告している。堕胎する理由は不義密通に限らず、

産後間もなく妊娠した時、分娩等が炎暑季となる時。（広島県）
経済的な関係、母体などの衰弱などによるもの。（長野県）

など、女性の体力的・生理的理由に基づく場合もある。

多産の女で経済的・生理的に苦悶の多いときには、少し豊かな者は江戸中篠流の子お

ろし薬を用い、一般にあっては水銀を服し、ほおずきの根をさし、または朝顔の種を水で飲み下して子を堕胎するか、または生まれた子を膝下に圧して殺す。

という神奈川県の事例もある。

堕胎の方法では、神奈川県の報告に見られるような、中篠流の子おろし薬を使うことはそう多くはなく、おおむね次のような危険極まりない方法によった。

一、ほおずきやヤマゴボウの根、桑の枝などを膣挿入する（産婦本人または夫や産婆が手掛けた。三も同様）。

二、ほおずきの根や唐辛子、蓬《よもぎ》、するめ、猿の頭などを煎じたもの、あるいは水銀を飲む。

三、腹部を圧迫する。

四、飛び降りる。

その他には、圧殺、窒息死、餓死などがある。

手を下す人物としては、

一、産婆、産爺など

二、姑
三、母親もしくは父親
で、何故か舅《しゅうと》の例は少ない。

堕胎をおこなう時期の問題もある。長野県の事例では山へ行って高いところから飛び降りるが、これは妊娠五カ月過ぎにおこなう。この五カ月を境に、それ以前の二～四カ月のあいだにおこなうものと、六カ月から八カ月目におこなうものとの二タイプが見られる。愛知県西加茂郡挙母町地方（現在の豊田市）では、六カ月後におこなったものが多く、岡山市では「五月まではチゴロシといって母体に危険があったから、五月以後七月ぐらいでおろした」という。一方、広島県比婆郡庄東町では、妊娠二～三カ月目に、おはぐろなどを飲んでおろし、長崎県の津島厳原では「三、四か月のころをよしとする」という。

また、遺体処理の方法には、
一、苞《ほう》・叺《かます》・菰《まこも》などに入れて川や海に流す。
二、村外れの野山や畑、塚に埋める。
三、家屋の床下や土間、便所や廐《うまや》の傍、屋敷地内のどこかに埋める。
などの方法がとられた。

一八六八（明治元）年一二月、明治政府は「産婆ノ売薬世話及堕胎ノ取締方」なる太政官布告を出し、一八八〇（明治一三）年には「堕胎罪」を規定、一八九九（明治三二）年には「産婆取締規制」を公布した。政府は、これらの施策を打ち出すことにより産婆の改革を目指し、ひいては堕胎（間引き）の撲滅をはかろうとしたのである。

## 江戸の堕胎禁止令

ヨーロッパでは、堕胎を罪悪視し、禁止する刑罰が三世紀ごろにはおこなわれていた。しかしわが国では、徳川初期までは公然と間引きがおこなわれており、禁令もなかった。繰り返すが、三代将軍家光は、一六四六（正保三）年に「子堕禁止令」を出して堕胎を業とすることを禁止した。

その二一年後の一六六七（寛文七）年五月二日には堕胎の看板を掲げることを禁止し、違反者は町内追放とした。一六八〇（延宝八）年には、堕胎術を施して患者を死亡させた医師は閉門に処し、不義密通の罪を犯した堕胎依頼者である本人には死罪の極刑が処せられた。だが、刑罰の裁量に方針はなく、軽重の差もあり不備があった。そのため、堕胎者は増加する一方であった。

江戸幕府が間引きを取り締まるべく「出生之子取扱之儀御触書」という触書を出したのは一七六七（明和四）年である。この時期には「関東農村荒廃」と呼ばれる事態が進行していた。薩摩藩や会津藩などでは、これ以前に独自の政策で間引きに対処していた。以後、諸藩もそれぞれの対策をとるようになる。特に東北の諸藩において人口の減少を防止するため「養育料」の給付、および教諭によって間引き・堕胎・殺児の風習を改めるように努めた。萩藩では出産三人目から給与補米として米を恵与した。いずれにしても、このお触書は堕胎にかんするそれと異なり、農村を対象として出されたもので、幕府法令による間引きの禁止は、この明和四年令のみであった。

一八四二（天保一三）年にも堕胎禁止のお触れを出したが効果はなかった。幕府当局は黙認的態度をとり、法的干渉も試みなかった。

各藩でとられた対策は、

一、教諭活動

二、妊娠と出産の管理

三、養育料の支給

が主たるものである。このうちもっぱら倫理に訴える一は前期のものであり、享保期を境に二や三の政策が打ち出されるが、そのウェイトの置き方は藩によって微妙に異なった。昼田源四郎によれば、奥羽守山藩（現郡山市）の政策は、一七七六（安永五）年時点では農民の倫理観に訴え、村役人や五人組に高圧的に申し渡すという性格であった。しかし、約一〇年後の一七八九（寛政元）年には、

子供数多く候えば、始めは難儀にも在るべく候えども、成長致し候えば農業に精出し、次第耕作手入れ等迄も行き届き、取実段々に相増え申すべく候。左候えば、始めは父母困窮致すべく候えども、後々には子供に養われ楽に相成り申すべく候

というように、実利を諄々と説く形に変わっていった。そうして一七九八（寛政一〇）年には守山藩の「赤子養育仕法」が発足するに至る。赤子養育仕法は、会津藩・白河藩・幕領塙と桑折代官所などでおこなわれた農村人口を維持・増加するための政策である。間引きを防止し養育金を与えて赤子の養育を奨励したのである。

間引きの実態が、倫理観に訴えたり強制的に禁止しようとしたところでどうにもならないほど、深刻化していたことを物語っている。

他方、間引きをしないという生命倫理にたつ真宗地帯の村では人口は増えている。真宗寺院の少なかった備前・備中・美作三カ国では堕胎・間引きが盛んにおこなわれたため、人口減少が進んだ。人倫の道を説き、命の尊さを教える仏教思想は中絶を禁止している。身ごもった胎児の生きる権利を奪わぬこと。成長しやがて立派な大人になる生命の重要性を考えたのである。

## 堕胎禁止令の目的

幕府の目的は、租税収入を増やすための人口の増加である。農村の人口が減少して税が減収となった。そのため、人口増加策として堕胎殺児が禁止された。当時の知識階級である僧侶や慈善家が宗教的・道徳的見地から矯正に努めた、という史実もある。

経済的理由や風俗頽廃による不義密通の増加からくる堕胎・間引きの影響により、徳川時代には人口増加率が著しく低下する。八代将軍吉宗の時代の一七二一（享保六）年、初めて人口調査が始まり、一七二六（享保一一）年から全国人口調査がおこなわれた。徳川時代の人口増加のテンポが鈍かったのは飢饉・疫病などが発生し、生命を失った者が多かったことに一因もあるが、その根源は堕胎および間引きが盛んにおこなわれたこと、すなわち産児制限が最大の原因であった。

では次に節を改めて、各藩がおこなった間引き禁止・育児政策を見ていくことにしよう。歴史は繰り返される。過去の賢人たちはどのような手段で人口を増やし、尊い嬰児の命を守ったのであろうか。

## 三　歴史に学ぶ少子化超克の叡智

### 笠間藩主・牧野貞喜公の人口政策と僧侶の活躍

農民の疲弊は天明の飢饉によってその極に達した。離散する者も多く、関東諸州の悪習である堕胎の風潮はますます盛んになった。どこの村でも戸口が減少して人手が不足し、田畑を耕すことができなくなった。田畑は荒廃して年貢を納めることができない状態となった。人口は毎年一五〇～二〇〇人ほど減少し、百姓を撫育する議が起こるほどであった。

笠間藩主・牧野貞喜《さだはる》公は、領民に堕胎・絞殺の悪習のあることを歎き、矯正するために「在町への論文」を発刊し、役人に命じて農民を誨諭《かいゆ》し、儒臣を派遣して、堕胎の悪習は人として物事の筋道に背く行為であることを説き諭した。しかし、特にその効果は見られなかった。

僧侶はもともと不殺生戒を説き、指導力もある。僧侶たちが不殺生とあわせて国王の恩、仏法の恩などの四恩を領民に説き示せば効果があろう。そこで諸寺の住職を集めて、仏事などの折には必ず怠りなく教訓し、領内の者に生んだ子どもを養育することの重要性を説かせたのである。僧侶の教誡によって、悪弊を矯正しようという試みである。

仏教者の教誡や説得だけでは口先の精神論であり、目的を達することは難しい。教化と併行して、物がない人々に物資を援助してこそ万全であろう。教化で腹は膨れないのである。そこで僧侶を各地に派遣し悪習の矯正を諭すと同時に、下吏（勧農方巡り方）にも村落を巡視させて、妊娠五カ月の妊婦を申告させた。出産した者には米三斗を与えて生活の面倒を見た。さらに「育児褒賞の法」を定めて、子どもが五人いる母には銭二貫五〇〇文、六人いる母には三貫文、七人には三貫五〇〇文、八人には四貫文というように、新生児一人ごとに五〇〇文を加えて、子どもの多いことを賞したのである。

この施策により、領民は「出生扶持」の恩沢を蒙り、貞喜公を育児の神と敬仰するようになった。このことにより堕胎・陰殺の弊風は減り、人口が増加する地域社会となった。

貞喜公の菩提寺である盛岸院には「子育延命地蔵尊」が安置されている。貞喜公はそれを厚く信仰し、毎月の祭日には役人を遣わして献供させ、領内の児産の幸福を祈願させた。

この地蔵尊は仏教信者である渡辺万蔵が、一六四七（正保四）年三月一六日、盛岸寺の長老であった哲如上座の霊位に対し、菩提を弔うために奉納したものである。その尊像は子どもを一人抱き、もう一人の子どもが足下にあって哀願の姿を表している。地蔵尊の体には蛇が巻きついていて蛙をねらい、肩のあたりには蝸牛《かたつむり》がはっているという、珍しい姿であった。

民が奉納したものを貞喜公が心を込めて子育延命地蔵として信仰したということは、注目に値する。信仰の実践としての育児であったといえよう。

## 宇都宮藩儒・鈴木石橋の社会救済

一七八二〜八七（天明二〜七）年に起きた天明年間の大飢饉・凶作は、冷害によって引き起こされたものである。全国的に作柄が三〜四分ほどとなり、米価は高騰した。全国規模の大飢饉となり、その被害は甚大であった。幕府は囲米（幕府や藩がみずから、あるいは家臣・町人・農民に命じて貯蔵させた米穀）を売却し、隠米を禁止して対処した。

江戸・大坂への廻米は激減して米価は高騰した。世情は不安に包まれ、大坂での大塩平八郎の乱を始め、各藩領内で一揆・打ちこわしが続出し、幕藩体制は苦境に立たされた。

冷害による惨状ははなはだしく、人々は飢えのために穀物を求めて流浪した。幼児は空腹のため母親の乳房を食いちぎり、牛馬、犬猫は食べつくされ、終いには人肉にまで手をつけるという、凄惨な状況となった。まさに生き地獄である。

三河の士族・小田切春江《しゅんこう》はこれらの状況を木村金秋《きんしゅう》に描かせ、『凶荒図録』を出版した。図録には、餓死寸前の農民の危機せまる異様な姿がリアルに描かれ、飢饉の恐ろしさが記されている。その一部を紹介しよう。

天明三癸卯年奥州地方飢饉の時、甚だしき村々の者ども食うべきものなく連々穀物のある地を聞き、親子夫婦引き連れ他国へ行き、目的もなく乞食同様に流浪す。

関東と奥羽は、その惨状、目も当てられない光景であった。

そのような社会状況にあって、宇都宮藩儒（藩主に仕える儒者）鈴木石橋《せっきょう》は窮民を恤救《じゅっきゅう》した。最大の功績は、堕胎・間引きの悪習が蔓延するのを憂いて、救済に力を注いだことである。妊婦の家をみずから訪ね、子どもが誕生すれば冬・夏の服を、また月に五〇〇銭を与えて救助した。およそ五〇〇有余人の困窮者に、私財をなげうって生活の糧を与えた。

社会救済の第一線に立って努力し、児産保護の重要性を力説したのである。

## 佐倉藩主・堀田正睦公の堕胎・間引きの禁止

江戸時代初期の老中であり佐倉藩主・堀田正盛《まさもり》は、一六三三年、松平信綱・阿部忠秋らとともに六人衆（後の若年寄）の一員となり、一六三五年には「奉書加判の列」（老中）に昇進し、一六三八年に老中を辞した。

父正盛が将軍家光に殉じ、その後を継いだのが堀田正信《まさのぶ》であった。一六六〇（万治三）年、幕政を批判し、仁政をおこなうべきことを記した上書を将軍家綱に提出した。幕閣の協議の結果、正信は狂人と見なされ、所領は没収されて、身柄は弟の脇坂安政に預けられた。後に家綱死去の報を聞き自刃した。

堀田正睦《まさよし》公は、江戸末期に幕府の老中となった佐倉藩主である。家斉・家慶・家定三代にわたって老中を歴任、アメリカの使節ハリスと通商条約を締結したことはよく知られている。顕著な実績として農事奨励とともに産児圧殺の悪風を矯正したことがあげられる。

上総・下総のあたりには、古来より一種の弊風・悪習があった。多く子を産むと渡世の妨げになる。そこで総領（家名を継ぐべき人）となる子のみを養育し、ほかの子は堕胎するか、誕生と同時に褥下に敷いて圧殺するのを常としていた。当時の上総国の堕胎・間引きの状況を、佐藤信淵《のぶひろ》は『草木六部耕種法』（巻第十二）に次のように記している。

彼の国の百姓十万余家ある中にて妊女の自ら其の児を堕胎して殺すこと毎年三、四万人ずつなり……自ら己が子を殺すに至る者……只是れ貧窮にして食物・衣類の給さればなり……今の世に当て百姓の自ら己が子を殺す国は上総のみならんや天下皆然り……農政の衰たるは全世界の大患と云いしは過論に非ずと知るべし。

この弊風は上総・下総のみならず日本中で一般的におこなわれていたのである。

この悪習は、始めは貧家だけでおこなわれたが、いつの間にか一般の人もおこなうようになり、だれ一人として怪しむ者のない状況となっていた。そのため、人口はますます減少し、領内には荒蕪地が広がり、藩の財政を脅かすようになった。

正睦公はこの弊習を歎いて禁止すべく、郡の役人の意見を聞き、老臣（身分の高い家臣）に評議を求めた。一八三八（天保九）年二月二七日、手書きの文章を郡代官に渡した。この文章を読み聞かせ誨諭《かいゆ》し、子どもの多い者には褒美を出し、方針に違反する者があれば重き罪に処するよう命じた（「子ども多き向には御褒美を」「懐妊之内ころし又はうみおとし候上にて殺し候ものは無比上悪人にて下手人同様に付死罪」）。

多年にわたる惜しみない努力によって悪弊は改まり、人口が増加するようになった。この洗子《あらいご》禁止令が出された一八三八年と一八五八年の人口数を比べると、次のようになる。

一八三八年　男性三万一六一六人　女性三万〇三三八人
一八五八年　男性三万七六一八人　女性三万六六七四人

男性は六〇〇二人増、女性は六三三六人増、合わせて一万二三三八人の増加であり、毎年約六一七人ずつ人口が増えている。

堀田正睦公は堕胎・間引きの禁止に努力し、かなりの成果をあげることに成功したのである。この弊風を根絶することはできなかったが、人口増政策となったことは間違いない。

## 上総国富田村名主・大高善兵衛兄弟の嬰児養育

大高善兵衛（一八二二〜九四）の手記によれば、堕胎・嬰児圧殺の悪行・悪習が盛んになったのは、一七八六〜八七（天明六〜七）年の飢饉のころからである。

当時の出産は女性にとって命がけであった。産婦が死亡すれば、嬰児を保育するすべがない。また生子を現世に残せば死者の霊魂が冥途に迷うという迷信から、嬰児を生きながら死産婦（母）の棺に入れて埋葬した。しかも郷里の人々はこれを怪しまず、といったありさまであった。

老衰多病の暮らしの者や生活難の者もあり、捨殺しの悪習に至ったのである。このことが「我村方壱千村にても凡四百人余も減少致居云々」という人口の漸減となり、「人口減少老若男女の計にては耕作も難しい」と、地域の将来を憂慮した。

善兵衛は何とかこの悪習を矯正しようと、先代の善兵衛である実兄保蔵とともに地頭職にこの悪習の除去を建言したが、何の結果も得られなかった。そこで兄弟は、協力してみずからことに当たるより外に方法はないと、村内を廻って戸ごとに説諭した。自分の家の門には「困窮にして育兼候初生之児は父母之内致死去よるべなき孤児あらば我等に与ふべし」という案内を出し、人々に善兵衛自身が子どもを養育することを知らしめた。善兵衛に預けられた貧児・孤児は三〇有余人に及んだ。成人の後は、その拠るところを与えて、孤児たちはそれぞれ活躍した。

永年の悪習を改善するには、一個人の努力ではあまりにも微力である。いかに努力するといえども、その目的を十分に達成し得ない。そこで幕府の力に頼ろうと、一八五八（安政五）年、先代の善兵衛（実兄保蔵）が江戸に出て、悪習矯正の懇願書を勘定奉行（幕府財政の運営や諸国代官の統率、幕府直轄地の収税、金銭・穀物の出納、領内人民の訴訟などを司る）に提出したが、許容されず翌年になって却下せられた。その年の一二月に再度懇願書を出したが、またも却下。一八六〇（万延元）年に三度目の懇願書を差し出したが、幕末は政務多端の折、何の沙汰もなかった。一八五八年以降、江戸に三年滞在し、経費は四五〇円。一方その間、当主善兵衛の家にあって救児を教育することに要した費用は九〇〇円に上ったと伝えられる。

その後、徳川幕府が崩壊して明治政府となった。一八七一（明治四）年、明治政府は廃藩置県藩制度を実行し、木更津県が置かれ、県当局は悪習を矯正するため「育子資金募集」をおこなった。善兵衛はその弟である平山仁兵衛とともに金品を献じ、育児取締となってからは県の方針に従って育児策に邁進し、悪習は一洗せられるに至った。放置するのではなく、何事もなせばなるのである。

## 仙台藩の赤子養育法

仙台藩でも堕胎・殺児の悪習が盛んであった。農民に限らず仙台城下ですらこの悪習が横行していた。

往時貧家の妊婦が出産するとき、「置きますか」（活かすこと）「戻しますか」（殺すこと）と其家族に尋ねる、家族は其産児を助けて置くつもりなれば「置きます」と答え、殺すつもりなれば「戻しませう」と答へたもので、産婆は其返答次第に活殺の取扱をなし、戻したものをば、町内の神社または仏堂の側へ埋めた。斯る恐るべき悪習は到るところ平気で行はれたが、尚屍体は町内の神社仏堂の外、八ツ塚の各寺院は勿論、河原町桃源院境内等に埋めたものが多かった。（『仙台昔語　電狸翁夜話』）

このような堕胎・殺児の流弊により、漸次人口が減少した。仙台藩は人口減少に対していかなる政策をとったのであろうか。先人の知恵はどうであったか。

一七六七（明和四）年、江戸幕府は「出生之子取扱之儀御触書」を出し、養育仕法を各藩に通達した。仙台藩、萩藩、鹿児島藩、熊本藩、水戸藩、白河藩などが藩独自の養育奨励をおこなった。一八〇七（文化四）年のころには「赤子養育仕法」の制度が整備されていた。江戸時代に実施された農村の人口維持・増加政策は、農村での間引きを防止し、養育金を与えて赤子の養育を奨励する、というものである。東北の諸藩においては人口の減少を防止するため、養育料の給付と教諭によって間引き・堕胎・殺児の風習を改めるように努力した。人口の増加を図るための施策である。

仙台藩では、全領内の郡村を南・北・中奥・奥の四区に分け、目付四人を赤子養育方(係)に任命し、各区に一人を派遣して管轄内を巡村させて、その事務を監督した。事務方は調査結果を簿に記載し、出産の際はそれぞれ堕胎や圧殺の罪悪は厳禁であることを教諭した。他方、妊娠した婦人を見届け、怪しい者はそれぞれ吟味の上処分し、貧窮して養育に困難な者は備金より「養育金」を与えて世話をした。仙台藩の儒者・田辺希文《まれふみ》(晋斎《しんさい》)の進言によって、女児を生めば米一石と銭五〇〇文を贈与する制度を定めた。

各区の管轄内では多く者が世話に当たった。それぞれの村では組頭や有志の者が世話をし、百姓にもその係を申し付けることもあった。

係の役人は高徳の僧侶を派遣して教諭に当たらせた。仙台の松音寺第二六世・大賢《だいけん》は一七九四(寛政六)年に『赤子養育勧進の手引』という小冊子を発刊した。これは藩庁公認の宣伝用冊子として重要視され、効果も相当にあった。

幕末より明治初年のころ、南部藩山口村の木村良安は、真宗大谷派・称念寺の弟子となって慶念坊《きょうねんぼう》長兵衛と称した。貧僧であったが、一八七一（明治四）年七月に逝去するまで、仙台藩遠田郡元桶谷に住し、遠田郡内、志田、黒川、加美、玉造、栗原、桃生、牡鹿など八郡にわたる一帯の地方を縁に随って遍歴するうちに、この地方で堕胎・間引きの悪習が盛んにおこなわれているのを見聞きし、悲歎した。慶念坊はそれらの生児を貰い受けて、五〜六歳になるまで養育し、その数は五三人に上ったと伝えられている。すばらしい心ある僧侶である。

## 南部藩・南部県の育児法制定と養育基金

南部藩時代の岩手県では、堕胎・間引きが横行していた。南部藩は徳川二六〇年のあいだに、三年に一回の割合で凶作・飢饉に見舞われた。そのなかでも、元禄、宝暦、天明、天保の飢饉は悲惨なものであった。天保の大飢饉は、一八三三（天保四）年から一八三六年にかけて全国的に被害をもたらした。低温多雨に加えて奥州では大洪水、関東では大風雨が重なり、大凶作となって米価が高騰し、東北を中心に餓死者・疫病死者が続出した。全国平均作柄は四分という慢性的な大飢饉となった。

飢饉のたびに数万人の人命が失われた。百姓一揆も八〇数回起こった。領民は生活困窮のために堕胎・間引きの人口制限を選び、悪風が盛んにおこなわれた。明治時代に入ってからも、俵に入れられて河に流された梱包が何十個と浅瀬に見られたという。河に流しても泣き叫ぶ声があまりに大きかったので流すに忍びず、俵が命を助けたという意味から俵命助と命名され、養育された子どももあった。

一八七一（明治三）年一〇月、渡辺民部大丞と加藤庶務大佑が今の岩手県を訪れた。三陸沿岸を巡視して、間引き・子返しの悪風が盛んである現実を見て、驚天動地に喫し、人民の生活の困窮に原因があるとの見地から「育児法」を実施すべきことを勧めた。これがきっかけとなり、仙台、一関、江刺、盛岡、胆沢の各県官吏が一堂に集まって三陸会議を開き、育児法制定を布告することとなった。

明治初年の盛岡の「育子制度序文」を現代語訳して次に掲げる。

人たる者は仁義五常（仁、義、礼、智、信）を知り、目上の者を尊び、目下の者を慈しみ、父母に孝を尽くし、父母はその子を愛する。だからこそ人は万物の霊長として尊いのである。鳥や獣などの禽獣はその道を知らないので賤しい。しかし、人に使役される禽獣すら子を慈しまないものはなく、子どもを大切に育てる。

三陸地方の人々は昔から子を殺し堕胎する者がいる。その風習が今もなお残っており、怪しいこととも思わず自然の慣わしのようになっている。人間の愛情においては、わが子より愛しい者はいないであろう。たとえ貧困の苦しみがせまったとしても、現在親としてわが子を殺すことはあってはならないことではないか。人倫の大道を失っては鳥や獣にも劣る。

しかしながら、極貧のため、養育の費用にも切迫し、やむを得ず子を殺し堕胎に至ることは、不憫なことである。難儀やつらい目にあって苦しんでいるときは、お互いに救い合うのが人の人たる道であるから、今般別紙の通り育子法を設けて育子金を与え、この趣旨を厚く心得て規則通り助成することとする。その上にも堕胎や捨て子などの悪事を致した者は、人を殺すと同罪であるから、厳罰に処せられるべきである。規則を尊び心得違いなきよう固く守るべきである。（傍線筆者）

実施に当たっては官員（役人）や富豪より基金を募ることとし、盛岡では役人の寄付金が四二六両に達した。この法律の創設を勧めた渡辺大丞と加藤大佑は、仙台藩、一関藩、登米県、胆沢県、江刺県へも同額の寄付金を募り、総額は五四六両に達した。

妊婦がいるときは伍長より村長に申告し、村長や郡長は連署して一カ月ごとに役所に届け出る。疫病により堕胎する際は三役が検証して役所に訴え点検した。

住民を上・中・下民の三等に分け、子どもを生めば、下民には金二分を与え、月に金一歩を三歳まで与える。中等以上は生業もあることであり、五年間積金を増殖し、上等は一〇年目より下等と同様な方法で養育金が支給される。

このような方法により実施する案を定めたが、なぜか実際にはおこなわれないまま立ち消えとなってしまった。

**久保田藩主・佐竹義和公の義厚の育児策**

久保田藩領でも堕胎・殺児の悪習がおこなわれていたことは、佐藤信淵《のぶひろ》の『奉呈松塘疋田君封事』によって知ることができる。久保田藩の人口は次のように推移している。

一七七二年……四一万六〇〇人
一七八一年……三二万人
一七八六年……二七万七〇六人
一八一六年……三一万四〇〇〇余人

四四年間で約一〇万人も減少している。人口の減少は天明の大飢饉にも原因があったと思われるが、堕胎・殺児の悪習が盛んにおこなわれたことが最大の原因であった。信淵は悪習を矯正することが急務であると考え、次の旨を上書している。

人というのは天の愛子であり、国の根本です。人君たる者が天に変わって天の愛子を養育するのです。それなのに、士大夫がその君主を誘導して驕慢をいたし、年々数万の赤子を虐殺するとはいかなる道理でしょうか。……貴殿は大いに憤怒を発し、まず小生が頸を斬って後、弊政を更革し、旧染の悪俗を一新し、秋田の封内を充実し、横殺の赤子を救済し、本藩の国政を盛大にしていただきたい。(「奉呈松塘疋田君封事」)

信淵の上書に刺激され、藩主佐竹義和《よしまさ》公は悪習の矯正を志し、取り調べをおこなわせたが、中途で逝去した。次の藩主義厚《よしひろ》公は、一八二五(文政八)年一〇月に各郡の奉行を城中に集め、「分娩児圧殺の制禁令」を直書して諭告した。

法令によって堕胎・殺児を禁止したが、罰することはせず、撫育米を支給して育児保護に力を尽くした。貧窮して養育の困難なる者の子に対しては、出生の年は米三俵と銭二貫文、二歳になると二俵、三歳のときは一俵を支給することにした。この方法によって養育された子どもの数は、一八三〇（文政一三）年五月までに平鹿五〇〇余人、雄勝三〇〇余人、二郡合わせて八〇〇余人に及んだ。

城下および湊町に対しては中谷久左衛門の献上した冥加銀二五貫と藩庫よりの若干を加えて「養育料」を支給することとした。一八二八（文政一一）年正月より、一〇〇石、六年目には五〇石を加え、七～八年目にはさらに五〇石を加えて二〇〇石を備え、毎年一〇〇人が救われた。

当時の藩主・義厚公は、町奉行・橋本五郎左衛門に命じて保護・育児の方法を考えさせた。藩の出入商人・那波三郎右衛門祐生《なばさぶろうえもんすけなり》は、義厚公が育児保護の熱望のあることを橋本より聞き、育児恤救《じゅっきゅう》の資本に当ててはいかがかと、私有金四〇〇両の献金を申し出て、半分は育児に、半分は窮民救助の事業に充てることを許された。

祐生は、善業は人々とともにするべきであると考え、街の有志を鼓舞奨励し、各自に献金を仰いだ。感恩講をつくり、献金で貧民を賑恤《しんじゅつ》し、凶年には飢餓を救助し、藩の許可を得て永久に備えた。献金の申し出は続出し、一九一人にもなった。その後も基金は益々増大したのであった。

## 庄内藩家老・水野元朗の赤子養育米

庄内藩では最上川の氾濫による水害が原因となり、堕胎・間引きが盛んにおこなわれた。その結果人口は減少し、荒蕪地は増加、領民の困窮のみならず藩財政をも脅かすに至った。何としても悪習を矯正して人口の増加を図り、荒蕪地を開墾し、新田の開発に当たらねばならなかった。そこで、法令によって堕胎・間引きを厳禁することとした。しかし、いくら道徳観に訴えても領民は経済的事情を優先し、どんなに法令を厳しくして厳罰を下しても根本的矯正にはならなかった。

ここに注目したのが、庄内藩家老・水野元朗である。堕胎・間引きの矯正に際し、領民をまず経済的苦境から解放しなければならない。最上川沿岸は多くは幕府の所領であったため、幕府を恐れて進言する者はなかった。元朗は河堤《かてい》を修築して洪水より沿岸の民を救おうと幕府に建言した。策を立て、藩公の許可を得てその修築を見るに至り、沿岸の民は水禍より免れることを得た。

水害を抑えて民がその地に安住できるようにし、堕胎・間引きを禁止し、養育米を支給し、人々に育児を奨めた。領民で子どもが生まれる者があれば、その子が五歳になるまで養育米を与えた。悪習は改まり、領民は淳良となったことが伝えられている。

しかしながら、その後もひのえうまの年に間引かれる子どもがあった。鶴岡城下にある藩主の菩提寺である浄土宗大督寺《たいとくじ》の第二四世住職・最譽上人が木版摺を配布して、その矯正に当たっている。水野元朗の努力にもかかわらず、根強い悪習は根絶し得なかったことがうかがえる。

## 米沢藩の赤子出生養育手当制度

上杉鷹山《ようざん》（治憲《はるのり》、一七五一〜一八二二）は江戸中期の米沢藩主である。農民復興と倹約による財政再建に努め、一七七六年には藩校の興譲館を再興し、人材育成に努めた人である。

鷹山公以前の米沢藩の人口は著しく少なく、一七二一（享保六）年時点で、二歳以上の者がわずか九万四〇四八人であった。その原因は重税による農民の窮乏である。出生児を養育するのに十分な資力がなく、堕胎・間引きの悪習が横行、他領に逃亡する者も多かった。人別税と称する人頭税を年二度にわたって徴収し、領内庶民は皆苦しんだ。

一七五五〜五六（宝暦五〜六）年には大飢饉もあり、一七五七年には大洪水が起こった。未婚者が増加し、悪習が盛んにおこなわれ、人口は益々減少した。

鷹山公は、悪習を矯正して人口増を図ろうとした。領内の人口減を憂い、一七七〇（明和七）年一一月二六日に「出生養育の令」を下して、堕胎・間引きを禁止した。しかし、年来の悪習は一向に改善せず、依然としておこなわれる状況にあった。

上杉治広《はるひろ》公は鷹山公の意を継ぎ、一七八九（寛政元）年一一月一一日に侍頭《さむらいがしら》と宰相頭を呼び、重ねて公儀の御制禁と公の諭文を示された。この禁を犯す者は、諸士は閉門、その組頭・組合・近隣はお叱りを受け、百姓町人は徒罪、伍長・四隣の者は科料（もっとも軽微な刑法に規定する財産刑罰金）との令達があった。

産婆にもお達しがあった。出生を妨げないこと、人を殺すことは重罪であること、父母にも会っていないほどの生まれたての子どもであっても生まれた者に手をかけて害することは恐ろしく絶対にあってはならないことであり、犯す者は罪に処す、という内容である。

このような弊習は農民の経済的困窮よりきたものである。一七九二（寛政四）年一一月二八日「老幼窮民撫育に関する令」を出すに至った。また同日「出生養育手当」が設けられ、出産しても極貧で一衣なきほどの者には、出産した年に金一両の手当を給することとした。あわせて、領内の産業を振興して経済状態の不振を回復した。目的の一部といえども、これを達することができたのであった。

## 新庄藩の赤子養育制度と僧栄天の活躍

新庄藩六万八二〇〇石は、戸沢政盛《まさもり》公が最上氏の没落後の一六一五（元和元）年より治めた。以来、一八七一（明治四）年の廃藩置県に至るまで戸沢氏が支配していた。

治世二〇〇年のあいだには、宝暦、天明、天保の大飢饉などもあり、農民は困窮し、藩の財政も厳しかった。藩の財政窮迫の打開策として農民から徹底的に物資を搾取し、藩士の家禄も削減した。しかしながら、こうした消極的な打開策では、到底藩財政の窮乏が根本から救われる状況にはなく、借金政策によって補わなければならなかった。金利が重くのしかかった。

百姓から搾り取るという領主の態度は、領内の生産力を減退し、財政を枯渇せしめる直接の原因となり、百姓一揆も起こった。人口の調節（堕胎・陰殺）と農民の離村により、人口の減少は著しかった。「赤子養育令」という堕胎・陰殺禁止の触書を出し、堕胎・陰殺は最大の罪悪であるとして矯正に努めたが、一向にその効果はなく、ほとんど焼石に水という状態であった。

瑞雲院住僧・栄天は、堕胎・陰殺の矯正に力を尽くし、「赤子養育制度」を樹立した。農民の人口維持・増加のための施策である。間引きを防止し、養育金を与えて赤子の養育を奨励した、立派な宗教家であった。

山形県北村山郡東根には栄天の功績と徳行の偉大さが頌徳文として残っている。栄天の赤子養育制度は、一七四一（寛保元）年の遷化によって中止されたが、その精神は後世に伝えられた。一七五一（宝暦元）年正月には、藩主・正諶《まさのぶ》公の内意によって赤子養育米制度が藩の制度として樹立され、年々基金とともに利米を増殖して、七年目には七五〇俵の救米を支出する計画であった。

度々の凶作や飢饉によって計画通りにはいかなかったが、それでも継続した。こうした努力が直接の動機となり、一八〇五（文化二）年には「赤子無尽」が起こった。一八四三（天保一四）年には、出産後の養育のため、夫は妻の産後一〇〇日間は馬に触れてはならず、また不心得者に対しては額に入れ墨を入れて眉毛を剃らせた。村落の人で違反者の吟味を怠る者があれば過料に処すという罰則を定めた。

それでもなお、農民の経済的困窮による人口減は止めようがなかった。栄天の努力や藩の政策によって、初めは人口減を幾分なりとも防ぐことができた。しかし後世になると堕胎・陰殺の悪習は風習となり根絶できず、世は明治時代に入った。

明治の初年から中期になってもなお悪習は多少残っていた。その後、悪習は自然に矯正され、人口は年とともに増加し、旧藩時代の約三倍になった。堕胎・陰殺の悪習の矯正が人口増に結びついたのである。

明治以降、農民は領主による経済的圧迫などから解放されたが、困窮は旧時にも増した状況にあった。人口は増加するものの、村落における農民の経済的困窮の打開は堕胎・陰殺に代わって婦女子の人身売買となって表れることとなった。

## 会津藩主・保科正之公の嬰児圧殺禁止

三代将軍家光の弟である保科正之《ほしなまさゆき》公（一六一一〜七二）は信濃国高遠藩から山形に移されて三万石の領主となり、次いで一六四四年には会津二三万石に移った。正之公は二代将軍徳川秀忠の妾腹の子であり、七歳のときに高遠藩主・保科正光《まさみつ》の養子となった。会津藩主として家臣団の組織、新田開発、土地および租税制度の整備、領民の支配、備荒、貯蓄制度などの治績をあげ、「会津家訓」（十五カ条）により会津藩の永代基本方針を示した。戊辰戦争に及ぶまで、会津藩二百数十年の基礎を築いた人である。

正之公は入部以来「食糧問題」に苦心し、食料を十分にすると同時に「堕胎、嬰児圧殺」の非を諭した。一六六三（寛文三）年七月二五日には奉行に命じて領内を巡行させ、民衆の

窮泰を観察し、

一、九〇歳以上は貧富となく老養を与えよ。
一、火葬は不孝の至りである。これを教戒せよ。
一、産子を殺す者は不慈の至りなり、よくこれを教諭せよ。
一、巫祝・神官・妖術・奇怪をもって人を迷わす者をば厳しくこれを禁ず、追放せよ。
（『土津霊神言行録』上・下二巻、『続々群書類従』第三）

と、領民にこれらの訓言を知らせることに努め、弊風の掃滅を企て教誨し、法令をもって禁ずる努力をした。

## 白河藩主・松平定信公の人口増加政策

松平定信《さだのぶ》（一七五八～一八二九）は、権中納言・田安宗武《むねたけ》の第三子、八代将軍・徳川吉宗の孫で、奥州白河藩主・松平定邦《さだくに》の養子となった。幕府老中となり寛政の改革を主導し、財政再建と民生安定に成果をあげた人である。

田沼政権の重商主義政策の挫折と天明期の天災・飢饉の続発は、農村人口の減少、耕地の荒廃、離村農民の都市流出、物価騰貴、幕府財政の悪化、武士生活の破綻などの深刻な諸問題を生じていた。

一七八七（天明七）〜九三（寛正五）年に至るあいだ、老中・松平定信は寛政の改革をおこなった。この改革には、

一、本百姓体制の再建
二、江戸の都市秩序の再編
三、一揆・打ちこわしの鎮静化
四、幕府財政の再建

という四つの課題があった。定信公は、次のようにさまざまな政策を打ち出した。

一、倹約令
二、物価引き下げ令
三、旧里帰農令
四、備荒、貯蓄の奨励
五、礼差棄損令

六、七分積金利の実施
七、人足寄場の設置など
緊縮財政と農村政策を関連させせつつ幕府権威の回復を図り、一連の改革により財政危機は回避された。

学問文芸にも秀れ、『宇下人言』（自叙伝）や『国本論』（全二巻）で国の本たる農民を撫育すべきことを説いて政治思想を示した。また、『国元論付録』（第三巻）や『集古十種』など、二二〇〇余点に及ぶ古書物や古書画の図録集がある。

一七八三（天明三）年の春は雨が降らなかったが四月からは雨の日が続き、利根川を始めとする河川が氾濫した。七月には浅間山の噴火があって灰が降り、夏も冷気のため奥州一帯は五穀が実らず野菜は枯れ果て、貧民の餓死が相次いだ。

定信公は苦慮し、みずから率先して質素倹約を守り、江戸にて飢饉の善後策を講じた。

一七八四（天明四）年、領地の白河に初入りして見たものは、堕胎・子返しの悪風が横行して人口は年々減少し、田畑は次第に荒れ果てるというあり様であった。すべては貧苦より出た所業であると、村長にこのことを諭した。

一七九〇（寛政二）年より五年間、赤子養育のための費用を交付した。初産を除き、二人目より七夜ごとに金二分、一二カ月目にはまた二分、場合によっては一両を与えた。一七九七（同九）年には増額して、七夜過ぎに金一両、一二カ月目には一〜二両を給付した。妊婦を帳簿に記録し、分娩した際には報告を求め、五人以上の子どもを育てた者には毎年米一俵を与えた。

画家・谷文晁（一七六三〜一八四〇）に命じて、産婆が生子を圧殺した結果、ついに地獄に堕ちるという因果の理《ことわり》を図解させた。この絵を城下の常宣寺の住職に携帯させ、各村を巡回して無智の人民を教諭させた。また、巫女《みこ》を呼んで口寄せ（神がかりになって霊魂を呼び寄せその意思を伝え告げること）をさせ、村の婦人たちに堕胎・子返しを謹むことを諭すなど、種々心を尽くした。結果、旧来の悪習は山村でさえも絶え果てるに至った。

白河城下は広域であるが人が少なく、また男子が多く婦女が少なかった。貧しい者は容易には嫁をとれなかった。そこで、役人を越後に派遣し、その地で貧窮する婦女を多く募って領内の無妻の男にあてがい、なおかつ田畑や家屋を与えて耕織の業などを教えて、人口の増加を試みた。就任当時、城下の農民は一一万一〇一六人であったが、一〇年の後には三五〇〇人増加した。

ここで注目に値するのは、越後から白河城下に呼んだ真宗門徒の婦人たちである。彼女らは子を殺すという習慣がなく、子殺しや中絶を戒め、生命倫理を身につけていた。親鸞の教えは「本願の名号は正定の業なり」と現生正定聚を説き、必ず悟りを開くことができるとする。正定聚不退転位に住することが信仰の真髄であり、信仰のご利益は長寿にあるとしている。若死にを中夭といい、念仏の利益は「定業中夭のぞこりぬ」（『浄土和讃』）と、中絶を戒めている。

真宗のご法義の厚い地域は人口増の傾向にあったことを史実は示している。今日のように信仰心を持たない人が多くなった社会では、因果応報の業を信じる人も少なくなっているであろう。篤信者もまだなお多いが、この無信仰が亡国の一要因になっているようにも思える（詳細は、拙著『無宗教亡国論』国書刊行会を参照）。

## 中村藩の赤子養育仕法

相馬地方においても堕胎・間引きは盛んであった。中村藩は、正徳〜享保年間には人口九万余であり庶民は富んでいたが、天明の飢饉により困窮者がその極みに達し、人口は四万八二四二名減となった。

当時の第九代藩主・相馬祥胤《よしたね》公は人口減少を憂い、堕胎・間引きの弊風を矯正しようと神仏に加護を求めて安産・母子安全の祈願をし、守り札を領内全域に頒布した。

一七八七（天明七）年六月より、家中の藩士や町民に対して、三男三女より一人につき米一俵を七年間給付し、農民には初年度寿命料一俵、養育料二俵、二年目と三年目には養育料二俵、四〜七年目には養育料一俵の合計一一俵を給付した（通常は四斗＝一俵）。その後、一七九九（寛政一一）年と一八二二（文政五）年には、百姓・町人を子どもの多さによって区別し、双子の場合は特に多額を給付した。

その効果の程はと、文化年間に人口を調査すると、三万一〇〇〇名に減少していた。「赤子養育仕法」も多くの効果をもたらさなかったようである。

第一一代益胤《ましたね》公の改革により幾分潤いを見たのであったが、天保年間の飢饉により惨憺たる世となった。

益胤公の子である第一二代充胤《みつたね》公は父命を継ぎ、農民に食糧や種穀を分かち、医官を派遣して養生方法を説き、堕胎・間引きの弊風を矯正するため、「赤子養育仕法」に加えて五人組・十人組にてその矯正を徹底した。

当時、近隣に聞こえた相馬郡太田村の臨済宗万年山長松寺の物先海旭《ぶっせんかいぎょく》和尚は、八二歳まで堕胎・間引きの罪悪なることを説き、「万民豊楽母子安全祈禱」の札を各村に配った。人びとを集めて結跏趺坐《けっかふざ》し、偈を唱え檀家を教化した。遺骨は長松寺に葬られ、師の偈頌（宗教的内容を表現する漢詩）を集めて『栗棘蓬《りっきょくほう》』二巻とし、その心を遺言として人々は受け止め、後の世のすべての民の豊楽・母子の安全を願った（『本朝瞽人伝』）。

## 二本松藩の人口増政策

二本松藩は、一六四三（寛永二〇）年に丹羽光重《みつしげ》公が白河藩から入って以来、代々丹羽氏が治め、明治時代に至っている。民政において藩の誇りとするものは、

一、育児……生育の制を第八代高庸《たかつね》公のときに定め、第九代長貴《ながよし》公のときに「安永の倹約法」「赤子生育法」を定めて永世の基本とした。

二、養老……養老の法を定め、赤子と九〇歳以上の男女に綿衣を与え、第一〇代長祥《ながあきら》公のときに改正し、万民悦服し顕徳公と称賛せられた。

三、窮民救策

の諸制度であった。

生育の制度を見ると、一八〇二（享和二）年の改正定目に赤子生育の儀が述べられ、少子化対策と育児制度を重要視していることがうかがえる。

一八一四（文化一一）年に改正の「生育御手当」では、長子出生の手当は与えず、第二子から手当が与えられている。町に在住の町民の子には、第二子には米一俵、第三・四子には米二俵、第五子以上は米四俵、双子出生者には米一二俵が給付される。出生三〇日未満までに死亡した場合には手当はない。

一八三二（天保三）年の改正では、生育御手当米を金銭にて与えることを定めている。新生児とその兄弟とに年の差がある場合は、新生児の養育が比較的容易と考えられたのであろうか、手当米は支給されなかったと、『二本松藩史』には述べられている。

## 鹿児島藩の人口政策

堕胎殺児の悪習はないと自讃する薩摩藩であった。佐藤信淵《のぶひろ》が一八三〇（文政一三）年に同藩の重臣・猪飼央に贈った『薩藩経緯記』には、殺児の風は他藩のようにはないと自讃するが、密かに堕胎する者は他藩より多いと記されている。

又貴藩の人は、東国や奥筋の如くは小児を隠殺することの無きを自讃す。然れども愚老貴国を游歴する事数度、頗る民間の事態を知れり。実に国人の自讃する如く小児を間抜の悪俗は絶て有ることを聞かず。唯密かに胎婦を堕胎することは東国よりも多し。是れ百歩走りて五十歩走たるを笑ふに同じ。大夫試みに四五十年来の戸口籍を検見せば、即ち愚老が言の徴あることを知らん。天明丙午の年に愚老初て貴国を游歴す。其後文化乙丑の年再び游んで村々の様子を尋問ふに、二十年間に減少せし村は多けれども、増したるは有ることなし。百姓を滋息するの政なくんばあるべからず。

（『薩藩経緯記』）

一五八七（天正一五）年、島津家は豊臣秀吉に降伏した。島津家久《いえひさ》は徳川家康に臣従して江戸幕府の大名として残った。家久公は一六〇六（慶長一一）年に琉球征服を実施していることで知られる。領内の統治にも配慮し、「殺児の禁令」を出し地頭（徴租の権を有した家臣）に諸村を巡視させた。

第二代光久《みつひさ》公は正保一二年三月、家老たちに命じて禁令を布達し、違反者には罰金を課した。にもかかわらず、依然としてへし児（間引き）の悪習が続いていた。

一八三〇（天保元）年、薩摩藩の国学者・山田清安《きよやす》は悪習矯正を建議し、「矯正策」が実施された。しかし、永いあいだ続く悪習を簡単には根絶することはできなかったようである。

廃藩置県前の一八六八（明治元）年、高崎正風《まさかぜ》が同藩八郷（垂水、桜島、新城、花岡、牛根、市成、恒吉、百引）の地頭に任命された際、その地方では貧富の区別なく一家に三子以上儲けない悪習があるのを聞いて、これはよろしくないと「諭告文」を草し、役人らが各戸に読み聞かせたが、何らの効果を見ることがなかった。

そこで、三子以上の家庭には、養育の資として、地頭役所より果実の苗木を与えて植樹させることとし、六子以上の家族には「子宝の祝」として米一俵を与え、乳料として子どもが三歳に至るまで、毎年養育米若干を役所より与え、悪習を一洗した。

## 歴史に学ぶ人口増加策

これまで江戸・明治期の人口増加政策を見てきた。飢饉などの天災によって生活ができなくなった結果、間引きが起きたのである。

間引きを防止するにはただ諭すだけでは功を奏しない。いくら諭しても、腹は膨れない。子どもが育てられるように育児給付金（米）を支給することが重要である。給付金によって子育てができるほどに生活水準が向上したところで、ようやく命の尊さを悟る余裕ができる。そこで初めて僧侶による命尊しの説教が効果を上げるのである。

現代日本の堕胎天国の悪弊を止めるには、経済力が乏しくても子どもを育てられるように、国や地方が養育費を増強する政策が重要であろう。その後に宗教家などによる生命倫理を向上する布教教育（諭し）も重要になってくる。今の宗教家は何をしているのであろうか。この給付金と説教の二本柱による政策が重要である。お葬式仏教といわれる今日、僧侶の社会貢献・なすべきことがあるはずである。

それでもなお堕胎の根絶が難しいことは、今まで見てきたとおりである。強姦による痛ましい妊娠もあろうし、妊娠に母体が耐えられない結果の悲しい堕胎もあろう。しかし、経済的理由による堕胎は政策で克服できるのである。

筆者は人工妊娠中絶の抑止だけで人口が増えると主張するものではない。都市部に人が集まっている今、地方に人を呼び戻さなければ、日本列島には無人の廃墟が広がってしまう。農業は日本の根幹でもあろう。われらはふる里へ帰ろうではないか。地方は魅力にあふれているが、なぜか若者は田舎を嫌う。職場確保が肝要であろう。若者が定住したくなるような魅力のある地方に変わらなければならないであろう。

# 第四章　忘れがたきふる里

## 一　進む過疎化

### 地方の人口の減少と若者の都会志向

わたしたちのだれもが生まれ育ったふる里をなつかしく大切に思うのは、自然な心情であろう。自分が生まれ育ち、今日までわたしたちを育ててくれたふる里には、想い出深い山河がある。年をとればとるほど、ふる里の人や光景は忘れがたく、心に残る大切な宝物である。その大切なふる里が今、少子高齢化・過疎化の波の影響を受けて消滅しようとしているとしたら、その現実にわたしたちはどう対処すべきであろうか。

一九五〇年以降、日本社会の人口増は進み、わが国の人口は長年増加傾向にあった。一九六七年には一億人台に達し、二〇〇八年にはピークの一億二八〇八万人になった。なつかしいベビーブーム、子どもも多かった。受験戦争もあり、四当六落の生存競争の真っただ中、予備校も繁盛した。

しかし、一九八九年ごろから出生数が死亡者数を下回る自然減が始まった。子どもの数自体が減り始めたのである。二〇〇五年の国勢調査で、わが国は本格的な人口減少社会に突入し、少子化に歯止めがかからない状況となっていることが明らかになった。二〇一〇年には一六四八万人の子どもがいたが、四十数年後には、〇～一四歳の人口は七五二万人に減少し、日本の人口は八七七三万人程度になると予測されている。高齢少子化が深刻な問題となり始めた。

若者は遊び場の少ない田舎を嫌い、都会を好む。高校を卒業したらふる里を離れて都会の学校へ進学する。就職の場が少ないこともあって、ふる里には帰らない人が多い。日本の総人口の半数が三大都市圏（首都圏・中京圏・近畿圏）に住んでいる。地方の二九都道府県では人口が減少し、地域間格差が広がりつつある。

都会で家庭を持って定住する。彼らの子どもたちも、教育の充実した都心の学校に通う。ふる里では年老いた両親が細々と暮らしている。盆や正月に帰省すると、親は孫に会えて喜ぶが、やがて歳をとり、だれもが避けられない老病死の人生行路を歩み、天寿を全うすることになる。

すると、子どもたちは次第にふる里とも疎遠になる。祖先伝来の家も空き家となり、屋敷や田畑は草に覆われて荒れ果てる。一度草に覆われた田畑の再生は難しい。地域社会は葬式の増加とともに過疎化、さらには無人化へと向かう。自然の成りゆきにまかせていては、地域社会の過疎化はさらに進み、人の姿が見られなくなるだろう。

日本は超高齢社会を迎え、過疎化が進んで深刻な問題になっている。過疎地域の人口は、二〇一五年には一九九五年より約二〇〇万人減ることになると予測されている。人口再生力の低下から、地域社会そのものが崩壊するという危機的状況を迎えている。人口の減少は地方の機能のみならず、地域社会の連帯をも壊す。人の姿が見られないことが人間の社会として何よりもさみしい。

## 国の過疎化対策

「過疎」に象徴される高度経済成長期の社会変動は、「山村振興法」など、既存の地域振興法では対応できない要素をはらんでいた。このため集落の崩壊を食い止める手立てとして「過疎地域対策緊急措置法」(過疎法)が一九七〇年に一〇年間の時限立法として施行された。自治体がおこなう道路など社会資本の整備に対し、「過疎債」という財源補塡をともなう対策が講じられたのである。

「過疎法」施行から五年後、人口減少率は鈍化したかに見えたが、実際には離村を志向する人がすでに出尽くしていた結果に過ぎなかった。以後、一〇年の期限がくるたび、「過疎地域振興特別措置法」「過疎地域活性化特別措置法」「過疎地域自立促進特別措置法」と法律の名称が変更されて今日に至る。その間、財政力指数、人口減少率に加えて高齢化率、若年人口比率などの指定要件の手直しはあったものの、「過疎債」を基本とする組み立てに大きな変更はないといえる。

わが国は、二〇〇五年の集計で、予測より二年早く人口自然減の国家となった。「過疎法」は貧弱な自治体の財政運営には寄与したかもしれない。しかし過疎を食い止めることも、若年人口の減少を防ぐこともできなかった。

## 今こそ農村の活性化を!

都市住民の食糧を確保するためには農村が必要である。都市部と農村部の連携・共存が重要なのであるが、農村は過疎化が進む。作付面積や生産量などが減り、林業の衰退が大きな影響を与える。若い後継者が少なくなり、自然消滅に向かっている農村集落も少なくない。

農村社会は農林業などを中心としてきた。そこには農村特有のゆったりとした時間の流れるライフスタイルがある。直下型地震も予測される今日、都市部から大勢の人たちが田舎に移住し生活する政策提言がおこなわれれば、ふる里活性化につながるかも知れない。農村社会と比べものにならないほどの超スピードで発展を遂げていく都会。都市は工業や商業などの産業を発展させ、生産技術や経営システムの革新により大きな産業余剰を生み出し、経済力のある豊かな市民も多い。経済優先の価値観が都会の人たちを左右している。田舎暮らしがお勧めであるが、いかがであろうか。ふる里は大歓迎である。広くて安い空屋も多い。

　われらがふる里の活性化は、まず現実ありのままを直視し、地域の抱える基本問題の所在を明確にし、解決の糸口を見出さない限り、解決しないであろう。人口的側面、社会経済的側面など、多方面からみなで智慧を出し合い、地域活性化に取り組む必要があろう。

　観光も経済を豊かにし、雇用を生むので大切である。しかしながら、**若い世代がふる里に住み、そこで結婚してにぎやかな家庭を持つ。これが一番重要である。**ここに住みたかった、住んでよかった、といえる家庭生活、幸せを満喫できる楽しい地域社会、安心して子どもを産み育てることができる街づくりが、過疎問題を解決に導くのではなかろうか。

全住民の意識改革により、わたしたちがふる里の活性化を願い、みなの叡智を結集すること。知らんぷり、どこ吹く風とこの問題を放置すれば、いつまでも過疎化に悩む街となるであろう。若い人たちが住みたくなる魅力ある街とは、一体どのようなところであろうか。若者定住の施策、仕事場づくり等々、三人寄れば文殊の智慧、考えればきっと妙案が出るであろう。ふる里のために今、みなが活性化の智慧を持ち寄り、対策を練るべきときを迎えている。

## 二　地方への移住と行政の取り組み

### 人口増に成功した街の叡智

都市の人口増、地方の人口減という二極化が顕著になるなか、人口を増やした小さな町村の大きな挑戦が注目されている。長野県下條村と富山県舟橋村は、都会に近いという立地条件を生かして若者を呼び込み、人口を増やしている。また、島根県海士町では、特徴ある高校教育と自給自足生活の魅力によって、若者に移住を促している。

若者は就農にも注目している。地方へ移住するための支援策としては、総務省がおこなう「地域おこし協力隊」がある。地方自治体がこの制度を利用して都市部の若者を呼び込むことで地域の魅力を引き出し、定住につなげているのである。国や自治体による若者の就農についての取り組みの一端も紹介しよう。

**長野県下條村**

長野県下條村は人口四〇〇〇人余りの小さな村である。村の人口増加施策、若者集合住宅の建設促進により、三五年ぶりに人口が四二〇〇人を突破した。

下條村は経済指標が好転してきたなかで、人口を増やすために「若者定住集合住宅」の建設を始めた。一九九七年から、若者が好むマンション風の集合住宅を建設している。一棟が一二戸標準の建物で、間取りは二ＬＤＫの約二〇坪、家賃が月三万三〇〇〇円である。駐車スペースが二台分ついており、隣の飯田市街にある民間アパートの約半額に設定したので、入居者が殺到したという。これまでに一二四戸を整備した。集合住宅への入居条件は、若者で子どもがいるか、これから結婚する人である。二〇一二年度からは戸建の建設費の一割を補助する事業も実施しているという。こちらは四五歳未満が対象で、上限は一〇〇万円である。

このような住宅政策の甲斐あって、下條村の人口は三五年ぶりに四二〇〇人を突破した。〇〜一四歳までの若年人口率も一七・三％と長野県下一位である。合計特殊出生率が国では一・二五となって五年連続過去最低を更新するなか、下條村の出生率は一九九三〜九七年の一・八〇が一九九八〜二〇〇二年には一・九七に上昇した。村の試算では二〇〇三〜

〇五年で二・一二に上昇するという。

子どもが多く生まれてにぎやかな声が聞こえ、村に活気が出てきているという。子育て支援策として、高校卒業までの医療費を無料化し、義務教育の給食費を四〇％補助している。保育園では延長保育や一時保育、学童保育事業にも取り組み、子育てを支援している。

このような若者定住対策事業や子育て支援により、人口も子どもの数も増えたが、集まってきた若い住民に対する支援も怠っていない。村に一定の文化施設や保健福祉施設を充実させることが若者が定着する条件と考え、思い切って約七億五〇〇〇万円の予算を投入し、一九九四年度に村立図書館を建設した。村民一人当たりの貸し出し冊数が一七冊で、長野県下では二位となっている。

二〇〇〇年度には医療福祉保健総合健康センターを約九億三〇〇〇万円で建設している。ここには診療所、水中運動ができる可動床式温水のプール、生きがいデイサービス、福祉課の事務室が設置されており、若者からお年寄りまでの心のよりどころとなっている。

さらに二〇〇二年度には、文化芸能交流センター「コスモホール」を約九億六〇〇〇万円かけて建設した。五〇〇席を有する本格的なホールで、音響もよく使い勝手がいいので、近隣の町村を始め多く人に利用されている。

これだけの成功を収めても下條村は油断しない。人口の増加も出生率が伸びたのも、瞬間風速ではなく、長い地道な村づくりの積み重ねが実った賜《たまもの》であると考えている。職員の意識改革に始まり、村民総参加の総合的な魅力ある村づくりを進めてきたことにより、結果として人口が増加し、出生率を伸ばすことができたのである。下條村の挑戦は、まだまだ始まったばかりである。

**富山県舟橋村**

富山県舟橋村は、面積三・四七平方キロメートルの日本で一番小さい自治体である。平成の大合併に背を向けて単独存続の道を選びながら、宅地開発により人口を二〇年間で倍増させた。過疎とは無縁な一方、地域のつながりの希薄化が悩みだが、住民との「協働」を合い言葉に新たな共同体づくりに取り組んでいる。

富山県は、平成の大合併で市町村数が三五から全国最少の一五となった。舟橋村は住民との意見交換を重ねた結果、合併のメリットはないと結論づけた。

一方、深刻な少子化に対抗するため、一九八九年から富山市のベッドタウンとして宅地開発を進め、転入者を積極的に受け入れてきた。富山市中心部から車で約二〇分、電車で約一五分という立地に加え、土地の安さ、村の中心に学校や役場が位置する機能性が若い夫婦らに人気を呼んだのである。

人口は急増し、一九九一年に一四〇〇人ほどだった人口は三〇〇〇人超になった。二〇〇五年の国勢調査では、人口増加率が全国二位、一五歳未満の年少人口割合は一位となり、二〇一〇年でも全国で最も若者の多い自治体となっている。

急速に住宅地が拡大し、村外からの転入者が人口の半数以上を占めた結果、村には郷土への愛着や地域コミュニティーへの関心の希薄化という新たな問題が生じ、地域の結びつきが課題となっている。そこで村は、二〇〇七年から富山大学と連携し、役場と住民、専門家が話し合いを重ね、地域を運営する協働型の村づくり実現に動き出した。二〇一一年からは、若い世代に向けてインターネットの交流サイト「フェイスブック」で村内の情報や写真を公開している。住民がみずから考えて動き、それを行政がサポートするという、住民と行政の並列の関係を重要視している。

今、村が取り組んでいるのは「日本一健康な村づくり」である。健康は豊かな人間関係から生まれるという考えにもとづき、地域密着型の団体活動やイベントを充実し、新旧の住民同士の結びつきをさらに深めることを願っているという。

## 島根県海士町

島根県松江市から日本海の北約六〇キロ沖にある隠岐諸島の中ノ島、面積約三三平方キロメートルの全土が海士町《あまちょう》である。東京から飛行機、バス、さらにフェリーを乗り継いで約六時間半。松江からのフェリーは一日二便(冬期間は一便)しかない。人口約二四〇〇人、高齢化率三九%の典型的な過疎の島である。

そんな町が、都会から数多くのIターン者を集めている。しかも、いわゆる大企業で仕事をしていたり、難関大学を卒業したりといった、世間では「勝ち組」といわれる経歴を持つ若者が多い。圧倒的に不利な地理条件の海士町に、なぜか都会の生活を捨てて、若者がやってくるのである。

小泉政権時代の国と地方の三位一体改革で、海士町の財政は大打撃を受けた。地方交付税の大幅削減で、二〇〇五年度には町長は五〇%、助役と町議は四〇%、職員は一六~三〇%という大幅な給料カットを強いられた。しかしそれをきっかけに、町は自立をかけて大胆な行財政改革と産業振興、定住対策に打って出たのである。

産業振興では、特産のサザエを使ったレトルトカレーの商品化や養殖岩ガキのブランド化、町出資の三セクターが整備した凍結センターによる冷凍海産物の東京出荷などを進めている。また定住対策として、二〇〇四年四月から二〇〇九年一二月までのあいだに、一四四世帯、人口の一割近い二三四人のIターン者が町に定住した。

町教育委員会の「高校魅力化プロデューサー」である岩本悠さんは、自分のやりがいや地域貢献という目的意識があって、Iターンで海士町にやってきた。東京都出身の岩本さんは大学卒業後、ソニーに就職し人材育成などを担当していた。

町の教育委員会は二〇〇六年から中学校の出前授業を実施している。その第一回目の講師として岩本さんは招かれた。授業が終わった後の飲み会で、役場職員から「生徒数が減って町の高校が潰れそうだ。潰れると島が自立できなくなる」という相談を受けたという。岩本さんがいくつかのアイデアを提案すると、「ぜひうちでやって欲しい」と話がとんとん拍子で進み、翌年、ソニーを退職して海士町へ移り住んだ。

岩本さんは移住後すぐに、島外の高校と統廃合されそうであった県立隠岐島前高校の改革に着手した。島の子どもが減って定員割れしそうならば、島外から生徒を呼んでしまえばいいのである。廃校寸前の高校に二〇一〇年四月から「島留学制度」という新制度をスタートさせた。学生寮を用意して寮費を町が全額補助し、全国から生徒を募集した。また特色ある教育を打ち出すため、「地域創造」と「特別進学」の二コースを新設した。

地域創造コースは、「将来、家業を継ぎたい」「地元の町を元気にする仕事をしたい」「いつか村長になる」など、地域社会で自立・活躍できる人材の育成を目指す。豊かな地域資源を活かした独自のプログラムや自然体験を通じて、主体性・想像力・コミュニケーション力を磨くのである。

特別進学コースでは、大手予備校がない島の生徒でも難関大学を突破できる学力をつけるためのカリキュラムを用意した。少人数の徹底指導に加えて、島外から「進学のプロ」を招いた公営塾まで設置する。

岩本さんの理想は、地元で育った人が地元で仕事を創出する「人の自給自足」の流れをつくりだすことである。隠岐島前高校を、将来の町村長など地域のリーダーを育てる全国唯一の高校にすべく、日々励んでいる。

阿部裕志さんは、二〇〇七年暮れに海士町にIターンした。Iターン前の阿部さんは、京都大学を卒業後、トヨタ自動車で自動車工場の生産ラインの新設にかかわる仕事をしていた。一流大学を卒業し、一流企業に入社し、やりがいのある仕事で充実してはいた。しかし、安くていい車を消費者に届けるその先に、一体何があるのか、と悩むようになってきた。そんなとき、会社の同期の友人に海士町の話を聞いて、旅行した。そこで、島と島の人々の魅力に取りつかれてしまったのである。その後も休暇を利用して何度か島へ足を運び、約一年後にトヨタを退社して海士町へ移住した。移住の動機は、都会や大企業に頼らずに心も食も豊かに暮らす、というものである。

Iターン仲間と三人で会社を設立し、町おこしイベントの企画や企業の社員研修のプログラムづくり、ホームページの制作などを手掛けている。一緒に会社を設立した二人は阿部さんよりも年下である。海士町にくる前はベンチャー企業を設立したり、NPOで活動したりと、多忙な生活を送ってそれなりに充実していた。しかし、阿部さん同様、都会の生活に疑問を感じ、地方での自給自足の生活のなかに答えを見出そうと、海士町にやってきた。彼ら以外にも、町の観光振興や近海でとれる干しナマコの商品化などに取り組む若者もいる。

## 地域おこし協力隊

大都市から農山村や離島へ移住して地域づくりを手伝う「地域おこし協力隊」として働く若者が増えているという。今の若い世代はモノの豊かさでは幸せを感じられなくなっている。そんな彼らが活躍する地域おこし協力隊には、都市と農山村を結ぶ新たな制度として育つ可能性が感じられる。

大都市への人口集中の結果、日本には著しい人口減に悩む地域が数多くあり、過疎地域として指定された市町村は七七五に上る。地域おこし協力隊は、地方の疲弊が政治問題化した二〇〇九年に、大都市の人々が地域活性化を助ける制度として総務省が創設した。募集は過疎自治体がおこない、採用されると住民票を移してその土地に住む。期間は最長三年である。自治体には経費として一人当たり年三五〇万円（人件費分は二〇〇万円）を上限に特別地方交付税として交付される。

初年度は計八九人・三一自治体だったが、三年目は四一三人・一四七自治体に、二〇一二度は四七〇人・約一七〇自治体に増えた。二〇一一年度のこの制度の大きな特徴は、働く人の八割を二〇～三〇代の若者が占めている点にある。この制度になぜ若者がひかれるのであろうか。

秋田県の山村である上小阿仁《かみこあに》村の八木沢集落（一〇世帯一九人）では、水原聡一郎さんと桝本杉人さんが地域おこし協力隊として働いていた。住民の八割が六五歳以上の高齢者である。三年前まで耕作放棄地だった田は、この二人の力で再生された。二〇〇九年秋、神奈川出身の水原さんはリーマン・ショックにともなう大卒者の就職難に直面した。京都出身の桝本さんは社会人入学した大学を休学して、それぞれやってきた。その後二人は、高齢者の生活を支援し、田をおこし、村内の若者たちと特産品を考え、途絶えていた民俗芸能「番楽」を古老に教わって、中学生と一緒に復活させた。さらに、里山を現代アートの舞台にする催しを集落で開くことにも力を尽くした。

瀬戸内の離島・愛媛県上島町《かみじまちょう》でも、東京都と大阪府の女性二人が「島おこし協力隊」に採用された。柑橘農家を手伝いながら自分も就農するべく準備をしたり、島の人の生き方を描く冊子をつくったりして、島の価値を見つけ始めている。

この制度は、大都市の人間が過疎地を助けるという一方的なものではない。大都市では勝ち組と負け組に分けられて自分の存在を見失いがちな若者が、地域の人々にさまざまなことを教えられ、自分らしい生活を発見する機会になっているのである。地域の側も新しい仲間に刺激を受けて変化するという、興味深い現象が起きている。

もちろん、挫折する人もなかにはいる。しかし、総務省の調査では、三年の任期を終えた人のうち、六七%がそのまま定住しているという。行政の型にはめず、地域に魅せられた若者の力を引き出せば、この制度は都市と農山漁村をつなぐ新しい交流の方法に育つであろう。

その地域に長く住んでいる人にとっては何でもない風景が、外から来た人たちにとっては魅力的に映ることがある。農山漁村のゆったりとした時の流れが、競争に疲れた都心の若者の心を癒す。八木沢集落で活躍した水原さんは、都心では負け組であったが、この集落では勝ち組どころではなくスーパーマンになった。都心での生活だけがすべてではない。地域おこし協力隊の制度は、若者が自分から本当に活躍できる場を探すための助けになっているのではなかろうか。

## 増える若者の新規就農者数——岩手県の事例

岩手県の新規就農者は二〇〇六年度に一四八人だったが、リーマン・ショック後の国の緊急雇用対策などで農業法人への就業が増え、二〇〇九年度には二五一人まで増加した。しかし、二〇〇九年度にかけて急増した反動で、二〇一一年度は前年より二七人減の二〇〇人、二年連続で前年を下回っている。

ただ、若者（四〇歳未満）の新規就農者数は年々増えており、

二〇〇八年度……五九％
二〇〇九年度……六一％

二〇一〇年度……六三％
二〇一一年度……六七％

を占め、右肩上がりである。二〇一一年度の内訳は、

Uターン者（実家が農家）……一二一人（前年度比一人減）
雇用就農者（農業法人などに就業）……五〇人（同八人減）
新規参入者……一八人（同一七人減）
学卒者……一一人（同一人減）

である。

経営部門別では野菜（露地、施設）七七人（同五人増）に対し、水稲三八人（同三人減）、酪農一二人（同一〇人減）など。初期投資や農地面積が少なく済む野菜が選ばれている。

東京都出身のAさん（三二歳）は二〇一一年に就農し、八幡平市平笠でホウレンソウを生産している。Aさんは会社を退職してから一年間、同市の農家で研修を受けた。就農時にはビニールハウスの譲渡を仲介してもらったことなどから、資金面での支援メニューはそろっていると感じているが、地域に人脈がないとリスクが高い、と就農経験を振り返っている。

県は、最近では就職難の影響もあって若者の就農が増えていると見ている。初めて農業に挑戦する若者らの受け皿を充実させるため、産地全体で新規就農者を育成するモデル地区を設ける方針である。また、農地の仲介や技術指導などをしてくれる里親農家の紹介も必要とし、対策を講じているという。より手厚い就農サポートに向けて、産地が就農希望者の募集と受け入れから、技術やノウハウの継承までおこなう態勢の構築を目指す。県農業普及技術課では、産地全体で新人農家を募り、支える態勢を築くことで、新規参入しやすい環境を整えることを強調している。

### 青年就農給付金

二〇一二年度から農林水産省が始めた、新規就農者を支援する青年就農給付金は、開始当初から大人気である。原則四五歳未満を対象にしたこの給付金制度は、就農前の二年間支給する制度と、就農後に経営が安定するまで最長五年間支給する制度の二通りがある。

給付金を受けるには、都道府県が認めた研修機関や農家・農業法人での研修、経営開始計画の策定など、いくつもの条件がある。就農後の給付金制度で最も重要な条件は、地域農業の未来の設計図ともいわれる地域農業マスタープラン（人・農地プラン）のなかで、今後の中心的な担い手として新規就農者の確保がきちっと位置づけられることである。

新規就農者の増加要因としてあげられるのは、
一、農業を成長産業としていくために国や自治体が後継者育成の研修や助成制度に力を入れている。
二、雇用環境の悪化で農業が就職の受け皿として見直されてきた。
などである。

新規就農者の多くは非農家出身者である。必要な農地を確保してその地に根づくには、地域の人たちの理解と協力が欠かせない。いわゆるUターンやIターンの就農者を新たな担い手として地元の農家が受け入れて支援していくことが、青年就農給付金制度の必須条件にもなっている。

まずは地域おこし協力隊としてその地域で働き、自分がそこに住み続けたいと思ったら青年就農給付金を使って就農する、というのはいかがであろうか。岩手県で就農したAさんは、就農のリスクとして地域の人脈をあげていた。秋田県の地域おこし協力隊であった水原さんや桝本さんのような方が地域に根づいてくれれば、地元の方々は大歓迎であろう。

国や自治体の手厚い支援制度が無駄なく活用され、地域農業の担い手として定着することが望まれる。

## 三　石川県の地域活性化の取り組み

### 世界農業遺産と石川モデル

黄金色の稲穂が輝く千枚田、炎天下の塩田に汗が光る揚げ浜式塩作り。能登の四市四町は、二〇一一年六月、日本で初めて国連食糧農業機関（FAO）の「世界農業遺産」に認定された。生物多様性を守り自然と共生する生き方が、貴重な遺産として高く評価されたのである。伝統的な農法や漁法、祭りや習わし、里山と里海が織り成す四季折々の自然と人々の営みがそこにはある。キリコ祭り、能登野菜、アエノコト、イサザ漁、ブリ大敷網など、能登は魅力に満ち溢れている。

二〇一三年には、石川県が中心となり、里山里海の保全活動を全国に広げる「ＳＡＴＯＹＡＭＡイニシアティブ推進ネットワーク」が発足した。里山里海の保全に取り組む自治体や企業、団体が情報やノウハウを共有し、環境省が進める「自然共生社会」の実現を目指している。能登の里山里海が世界農業遺産に認定されたのを受け、県が環境省と国連大学に提案した。里山里海を抱える自治体の担当者らを対象にしたセミナーや講習会を開催するほか、保全活動を周知するシンポジウムを開く。環境学習やエコツーリズムを推進するため、国内外の関係者を集めた研修も予定している。

世界農業遺産に登録されただけでは、効果は薄い。認定効果を使って、さらなる取り組みを展開する必要がある。県は、能登を舞台にしたトヨタ自動車との連携プロジェクトを開始し、認定効果を農業以外の産業にも広げる「石川モデル」をアピールしている。トヨタ自動車との「能登スマート・ドライブ・プロジェクト」は、能登の観光対策として、プラグインハイブリッド車をレンタカーとして配備し、車の充電スポットを設け、そこに無線LAN機能も持たせてスマートフォン向けに観光情報を発信する構想である。世界農業遺産の理念や価値が、農業の枠に止まらず、観光などほかの産業まで広がる、石川ならではの未来志向の取り組みである。

知事は、農家民宿群「春蘭の里」の活性化、里山ポイント制の導入など、能登の取り組みを説明し、日本国内に世界農業遺産の価値と意義を発信し、その保全と持続可能な利用の取り組みをけん引していきたい、と決意を述べている。

## 里山里海ツアー

県などが産学官で実施している「能登の里山里海」を巡るバスツアーに申し込みが殺到している。回数を重ねるごとに応募者が増え、輪島市でおこなわれたツアーには定員三〇人の一〇倍を超える三四八人の申し込みがあった。申し込み者のうち富山県や福井県からが一七四人と半分を占め、気軽な旅として隣県での人気が高い。県は企画を継続し、世界農業遺産の認知度のさらなる向上を目指す。

## 農村役立ち隊

二〇一〇年度に始まった「いしかわ農村ボランティア事業」は、草刈りなどの支援を希望する「農村役立ち隊」と、人手不足に悩む農家を「受け入れ隊」として情報を登録し、農村側の要請に応じてボランティアが派遣される仕組みである。

ボランティアの登録者数は初年度は六二人であったが、二〇一一年度は一一二人、二〇一二度は一六五人にまで増加し、金融機関や建設会社、大学などの二一団体も登録している。ボランティア数に比例して、初年度は七カ所だった受け入れ側の登録数も増加し、二〇一二年度は二〇集落が登録した。派遣要請は二〇一一年度の三三回から三九回に増えた。

世界農業遺産認定による関心の高まりが一因と見られる。
人手不足が悩みの種だった農村では、耕作放棄地を農地に復活させたケースも出てきた。ボランティア派遣は農家の負担軽減だけでなく、耕作放棄地の解消につながっており、これまでに八カ所で生産活動が再開された。穴水町下唐川の丸山集落では、荒れた棚田にイチジクの苗木を植栽した。七尾市能登島長崎町は大豆や山菜づくりに取り組み、珠洲《すず》市《し》若山町吉ケ池や白山市木滑地区は稲作を始めた。
ボランティアの年代別登録率は、
二〇代…………二三％
三〇～四〇代……二一％
五〇～六〇代……四三％
七〇歳以上………一三％
である。実際にボランティアに参加した人の約八割が六〇代以上で、登録するだけの「幽霊ボランティア」もいる。石川県中山間地域振興室は「若者の参加率を高め、地域以外の人材を農村活性化の助っ人として生かしたい」としている。
世界農業遺産の目的とは何か。〈世界農業遺産「能登の里山里海」情報ポータル〉によれ

ば、

世界農業遺産の目的は、近代化の中で失われつつあるその土地の環境を生かした伝統的な農業・農法、生物多様性が守られた土地利用、農村文化・農村景観などを「地域システム」として一体的に維持保全し、次世代へ継承していくことです。

とある。若年層の不在が地域経済の衰退につながることは確実である。家庭に家を継ぐ子どもや孫が必要なように、農業後継者の育成が日本の大きな課題である。観光や人的交流も大切に違いない。しかし、**一番重要なことは若者の定住である**。若い人には家庭菜園やこのようなボランティア活動に参加して、農業の楽しさや魅力を知ってもらいたい。新しい農業や農産物のインターネット販売ビジネスも課題であろう。既存の農家にはこのような知識があまりないのではなかろうか。**地方には若者の力が必要**なのである。

**北陸新幹線開通でアクセスが便利に**

国土交通省は、鉄道建設・運輸施設整備支援機構（鉄道・運輸機構）から申請があった、北陸新幹線金沢―敦賀間の新規着工を認可した。二〇一四年度末の金沢開業からおおむね一〇年強(二〇二五年度)で敦賀まで完成する予定である。一日も早い完成・開業と、最終目標である大阪までの早期全線整備が求められる。

一九八五年の北陸新幹線高崎―小松間の工事認可申請から二七年のときを経て、ようやく金沢から西のレールがつながり、石川県内のすべての区間に新幹線が走ることになった。北陸新幹線が敦賀まで延伸されることで、南加賀地域も首都圏と直結される。金沢―敦賀間の工事延長は約一一四キロで、総工事費は一兆一六〇〇億円とされる。石川県内の延伸区間は約四〇キロであり、新たに小松駅と加賀温泉駅が設置される。

引き続き関西圏を含む沿線地域が連携し、敦賀までの早期完成、さらに大阪までの全線整備への道筋をつけることが急務となる。敦賀から大阪までの区間については、フル規格の新幹線が整備されるまでのあいだ、暫定的に新幹線と在来線の両方が走行できるフリーゲージトレイン(軌間可変電車)を用いて直通列車を運転する計画である。石川県を始め関係する各府県は、大阪までのフル規格による早期の全線整備を、引き続き国に働きかけている。

国土交通省の試算では、二〇二五年度末を予定する北陸新幹線敦賀開業後の東京―敦賀の一日当たりの運行本数は、片道二七本とされている。フリーゲージトレインを導入する場合は、富山―大阪で同二三本の運行を見込む。

停車駅の少ない「速達型」でフル規格整備した線路を走る場合、東京からの所要時間は金沢が二時間三八分、富山が二時間一九分三〇秒となる。東京からの特急料金（指定席）は金沢で五三三〇円、富山で四八一〇円。この額に乗車区間に応じた運賃が上乗せされる。

フリーゲージは富山―名古屋でも導入が検討されており、国交省は現行の特急しらさぎと同様に米原経由で在来線を走ると想定している。

## ふるさと回帰フェア

全国各地の田舎暮らしにかんする情報を紹介する「ふるさと回帰フェア」が東京で開かれており、県の担当者らが石川への移住を売り込んでいる。相談コーナーには、県やかほく市、県過疎地域自立促進協議会が合同で出展している。加賀、能登の自然環境や、北陸新幹線金沢開業で首都圏からのアクセスが向上することをPRし、奥能登での農業研修など、定住促進に向けた制度を紹介する。

フェアはNPO法人ふるさと回帰支援センター（東京）が開催し、石川など四〇道府県の約一九〇団体が参加している。こうした企画の繰り返しにより、定住、楽しい田舎暮らしが進むことが、過疎化対策として望まれる。

## 中古住宅の流通対策

北陸の自治体では空き家の実態調査やデータバンク化などの取り組みが相次いでいる。地方にとって、空き家など中古住宅の活用は定住促進の一つの鍵でもある。

政府の住宅・土地統計調査などによると、全国の住宅戸数は世帯数を大幅に上回り、空き家が増加している。総務省の調べでは、一九八八年に三九五万戸だった空き家数は、二〇〇八年で七五七万戸に増えている。

そうした面を行政がカバーする動きが北陸でも強まっており、最近では白山市や砺波市などが「空き家情報バンク」を稼働させ、小松市や南砺市、氷見市などが空き家の実態調査に動いている。実態の把握は老朽化による危険防止のためにも重要である。

中古住宅の情報は一般的には不動産業者から提供されるが、国土交通省は、中古住宅の価格や間取りなどの基本情報だけでなく、耐震性能や修繕履歴などの情報も提供できるシステムの開発に乗り出す。また、再生戦略のなかで、建物検査や性能表示の充実など、中古住宅の流通を活発化させる環境整備もうたっている。

地域活性化策として、自治体主導で空き家をギャラリーなどに再利用する例も増えているが、民間の流通がさらに盛んになることが望まれる。そのためには、業者側もいわゆる物件の目利き力や耐震性の診断能力の向上、的確な情報提供など営業の工夫に一段と力を入れる必要があろう。

そんななか、小松市は市内すべての空き家を対象とした初の実態調査に乗り出した。少なくとも一四〇〇棟あるなかから、住みやすい建物は購入・賃貸希望者向けに活用したい考えで、定住人口の拡大につなげようとするものである。災害時に損壊する恐れがある建物などは所有者に解体を依頼することを視野に、生活しやすい地域づくりを進める。

市の事前調査では、住宅地図に記載されている空き家は約一四〇〇軒ある。転出が多い市中心部と過疎化が進む山間部を中心に、ほかにも空き家が存在すると見られるため、市は全二四六町内会長にアンケート調査をおこない、実態を把握する。空き家は防犯上も問題があると各町内会も考えている。

石川県は世界農業遺産に登録されて世界的に知名度が上がった。しかし、それに安住していては、過疎化が進むばかりである。観光客を呼び込むことも、地域経済にとっては重要である。しかし、それだけでは人口は増えない。「こんなに素敵な場所ですよ。でも、住みたかったら自分で何とかしてね」では、あまりにも無策、過疎化へまっしぐらである。地域の魅力を発信すると同時に、そこに住むための生活手段（農業など）と場所（ありあまる空き家）をセットでお勧めすることが重要であろう。

## 阿弥陀寺教育学園の地域活性化の取り組み

統廃合により廃校となった教室を利用して新たに学校を開き、若者が地域で就職できるようにするのも、若者の定住策である。どのような地域でも必要とされる職業というものがある。地元の学校で手に職をつけ、生まれ育った場所で就職できるようにすれば、若者は地元を出ていく必要はないであろう。

わたくしどもの阿弥陀寺教育学園（千葉校は快速が停車するＪＲ浜野駅近く）の石川県七尾校と岩手県一関校は、地域のご理解もあり、少子化によって統廃合された学校の校舎を再生し、開校を試みている。この取り組みも地域再生、若者の定住を願いとした活性化への試金石である。観光客も必要であるが、バイタリティーある若者の笑顔あるパワー、市民生活が歓迎されている。

七尾市は二〇〇七年、武元文平市長（当時）の提言により、旧七尾短大跡を活用して、当校の誘致を実施した。現在、国際医療福祉専門学校（以下、国医専）七尾校は、

医療福祉専門課程

救急救命学科（定員三五名　三年制）

理学療法学科（定員三五名　三年制）

作業療法学科（定員三五名　三年制）

介護福祉学科（定員三五名　二年制）

の四コースを設置した。「皆の願いが叶う学園」として、二〇〇名ほどの学生が目標を持って学習しており、卒業生は地域の医療機関や消防署（救急隊）に就職して活躍中である。

高校を卒業し都会へ向かおうとする高校生に、当学園にてキャリア教育を施し、地域の医療や福祉の現場で社会貢献をしていただく。そこに定住して結婚し、家庭を築く。にぎやかな子どもたちの声が聞きたいという地域社会の願いにもとづく、市長の提案である。地域のみなさんの支援もあり、市長の大きな功績として市政の一頁を飾った。

七尾校には、有名な和倉温泉に学生寮が四棟、市内にも学生寮四施設があり、全寮制である。地域の経済効果も少なからず上がっている。

能登半島では、人々との交流や観光は盛んであり、地域活性化の礎《いしずえ》となっている。しかしながら、能登半島は全国平均より十年早く人口減社会となっている。若者定住政策の妙案も十分とはいえない。奥能登から人口減少が進んでいる社会状況にある。

岩手県一関市の勝部修市長は、岩手県職員であった時代より企業誘致の専門家である。第一期目にしてトヨタ（アクア生産工場）の部品メーカーを始め、すでに一〇企業の誘致を実現している、バイタリティーに富んだ市長である。市長のリーダーシップいかんによって、地域社会は活性化もするし、停滞もする。

国医専一関校は厚生労働省指定の救急救命士養成校であり、救急救命学科（定員四〇名、二年制）がある。千厩学生寮もある。七〇名ほどの学生がいのち尊しと「救急救命士」を目指して研鑽・奮闘中である。すでに、卒業生が地域の消防署に救命士として就職し始めている。

学園としては、一九九八年の本校開校以来、千葉校にてすでに千名以上が全国の救急隊などで活躍している。単なる自画自賛ではなく、学校を中心とした地域社会活性化案の一提案・実践例である。リーダーたる市長の誘致・手腕、助力によって地域社会への貢献・復興・笑顔の回復ができるわけで、そのリーダーシップ論が称賛される。

私どもは初心を貫き、なお一層の継続・発展を夢見ている。地域社会の実情や人々の願い、ニーズも少しずつ理解し始めている。みなの叡智でふる里の活性化に取り組んでいきたいという希望と願いを今日も持ち続けている。

学校再生を中心とした地域社会の活性化や地域コミュニティーの提案は、今後なお若者定住政策として広がりを見せることが期待されるであろう。一関校ではリハビリの新学科も構想しており、近々開科の予定である。

# 結びに

二一世紀少子高齢社会の人口問題の一考察として、少子化克服の叡智をたずねて時事問題の論述を試みたのであるが、時の流れ・スピードは速く、筆を進めるうちにも社会状況の変化には目まぐるしいものがある。時代の変化のなかで筆を進めた経緯もあり、そのため新しい資料も入手し改めたい点もあるのだが、その課題は次著に託し、序説としてお許し願うことにする。

日本の人口は江戸幕府が成立した一六〇三年に一二二七万人であった。江戸時代を通じて緩やかに増加し、明治時代以降、増加のペースが急激になった。明治維新のころの一八六八年に三三三〇万人だった人口は、第二次世界大戦が終わった一九四五年に七一九九万人と一〇〇年弱で倍加し、戦後二度のベビーブームなどを経て二〇〇八年に一億二八〇八万人というピークを迎えた。

少子高齢化が進み、六五歳以上が人口に占める割合は二〇一〇年の二三％から二〇六〇年には四〇％弱まで上昇する。一方で、働き手となる一五～六四歳の生産年齢人口は二〇一〇年の八一七三万人から二〇六〇年には四四一八万人とほぼ半減する。人口は二〇四八年に一億人を割り込み、二〇六〇年には八六七四万人まで落ち込むと語られるわが国の状況である（「厚生労働省の国立社会保障人口問題研究所」の推計）。

少子化克服はいかにして可能か。政府の目標通り五〇年後に一億人を維持する日本社会の到来を私も願っている。しかしながら過去二〇年にわたる人口増政策の努力にもかかわらず、今日なお人口減少は深刻化している。的外れの施策でないことを日本人の一人として願わずにはおられない。

他方で、毎年人工中絶で闇に葬られる水子が約二〇万人も存在する。子どもが前年比一六万減と聞くとき、不謹慎ないい方かもしれないが、「水子二〇万人の命は実にもったいないなあ」と思わずにはいられないのが、日本の社会の実状である。

少子化克服の道はないものかと先達の叡智を歴史に学びたずねるうちに、ふと恩師高橋梵仙先生の遺稿『堕胎間引の研究』（第一書房、一九八一年）に巡り合った。学生時代、先生の社会福祉の授業を拝聴するご縁に恵まれた。昭和初期のこと、高橋梵仙先生、よき師五島宗宣師そしてわたしの父が東洋大学の同窓生であったことから、梵仙先生の浦和のご自宅にもよくうかがい、書斎にも通していただき、学者としての専修専念の研究姿勢も拝見し多く学んだ。四〇年近くの歳月を経てその先生の研究業績に巡り合うとは思いがけぬことであり、驚天動地すべき不思議な経験である。碩学の大先生の文章は現代のわたしたちには難解である。そこで分かりやすく現代文にして理解に努めた。

若き日、著者は学問の道も夢見たこともあり、大学で六年ほど教壇に立った。私の父と同学の浄行寺五島宗宣師から指方立相、住職道の指南をいただいたことから一念発起し、「この道よりわれを生かす道なし」と勇猛精進し、仏教伝道を目指す人生行路を二十四歳から本格的に実践し始めた。

慈光はるかにかふらしめ
ひかりのいたるところには
法喜をうとぞのべたまふ
大安慰を帰命せよ（親鸞「浄土和讃」）

今日のみ法《のり》の喜び、歓喜踊躍は、ひとえによき師の仏智伝授のお蔭と、感謝報恩・知恩報恩の思いにある。

少子化克服の道は、若い女性たちが母親になって子育てを願うことから出発する。子どもを身ごもったら、その「子どもの生きる権利」を奪わない。自力のはからいで水子にしないこと。命の尊さ、生命の畏敬に目醒めることが肝要であろう。子どもを育てるにはある程度の経済力が必要である。教育にもそれなりにお金がかかる。婚外子も平等に育てられる円熟した日本社会が今、求められていよう。

避妊法や分娩の医療技術も十分でなかった昔とは違い、今日は不妊治療、着床前スクリーニングという方法もおこなわれ、体外受精でつくられた受精卵の染色体異常を検査し異常のないものだけを選んで子宮に戻す。そしてダウン症などの染色体異常があって生まれてくる子どもを見分ける技術も研究されている。科学の発達した時代である。試験管ベビーと衝撃を与えた体外受精で生まれる子どもは今や国内だけで年間三万人以上いる。最新のiPS細胞（人工多能性幹細胞）から精子や卵子をつくる研究や、卵子若返りの研究も進んでいる。しかし、科学も万能ではない。子どもが欲しくても恵まれない、生めない女性たちも大勢いる。その悩みを理解し、暖かい心で理解することも必要であろう。

今、地方から首都圏へ若者が働く場を求めて移動しているという現象が見られる。高齢者が急増し、医療と介護の人材を必要とする東京は、若者を吸収して地方を過疎化へと追いやりつつある。地方にあっては担い手不足で山林や水田が荒廃し、存立が危ぶまれる集落もあり、医療福祉サービスの維持も苦しい状況となっている。人口を増やすしか解決方法はない。二〇~三九歳の女性人口の動向が将来人口を左右する鍵となっているにもかかわらず、二〇四〇年までに若い女性が五割以上減る自治体が八九六もあるという。人口の再生産力を失ったまま一万人を割る五二三市町村は、自治体として立ちゆかず、「消滅」の可能性があると試算されるのが、わが国の現状である。

何か打つ手はないのだろうか。魅力ある地方の拠点都市をつくって、若者をふる里に止める。若者を流出させない思い切った施策を実行して人口増を実現する必要があろう。

何よりも、身ごもった段階より「子どもの生きる権利」を奪わないことである。人命尊重の哲学・思想(生命倫理)が大切である。中絶・堕胎の悪習は人間の業障の歴史でもある。煩悩熾盛《しじょう》のわれらの主我性による行為、悪業であろう。「身の罪悪の深きほどをもしらず」(『歎異抄』)とあるように、「罪悪深重」「罪悪生死の凡夫」たる人間の仕業である。罪悪を犯し続け生死を迷っている凡夫であるわたしどもに、ブッダは教え諭す。

諸悪莫作　諸々の悪をなすことなく
諸善奉行　諸々の善をおこない
自浄其意　みずからの心を浄くせよ
是諸仏教　これが諸仏の教えである

中絶（退転位）を戒め、不退転位に住することの大切さを諭す。

安楽国をねがふひと
正定聚にこそ住すなれ
邪定・不定聚くにゝなし
諸仏讃嘆したまへり（「浄土和讃」）

不退のくらゐにすみやかに
えんとおもはんひとはみな
恭敬の心に執持して

弥陀の名号称すべし（「高僧和讃」）

煩悩具足と信知して
本願力に乗ずれば
すなはち穢身すてはて、
法性常楽証せしむ（「高僧和讃」）

ついに六五歳以上の高齢者が総人口の四分の一を突破した。出生児数から死亡者数を引く人口の自然増減は、七年連続の自然減少となった。年齢三区分別に見ると、一四歳以下の年少人口は一五万七〇〇〇人減少し一六三九万人（一二・九％）であった。一五～六四歳の生産年齢人口は、三二年ぶりに八〇〇〇万人を下回り七九〇一万人（六二・一％）である。前年に比べ一一六万五〇〇〇人も減少した。

六五歳以上の老年人口は、一一〇万五〇〇〇人増加して三一八九万八〇〇〇人（二五・一％）となった。このうち七五歳以上人口は、四一万人増加し、一五六〇万三〇〇〇人（一二・三％）となった。高齢者人口が二五％を突破したと総務省は人口推計を語る。まさに少子高齢長寿社会である。

三・一一＝東日本大震災は人々に家族の大切さ、人間の絆の重要性を思い起こさせた。何よりも大切なのは、父母・兄弟を始めとする六親眷族、子どものにぎやかな声の聞こえる平凡な家庭にこそ人間の幸せがあることに気づいた人も多かったであろう。

だれでもふる里は忘れがたいが、そのふる里に思いをはせて活性化を念ずるところから、三人寄らば文殊の智慧も生まれてくるであろう。未来を担う子や孫の世代のためにも、本著により明るい展望を与えてくれる救済の叡智が生まれて、それが処方箋となり、人々の願いがかなえられる方向に進むならば、筆者としてはこの上もない喜びとするところである。

本著の誕生は、大学院生時代より親交のある国書刊行会・佐藤今朝夫社長ならびに編集担当・今野道隆君のお力添えのお蔭である。心から感謝の意を表したいと思う。本著を序説として、さらなる少子化超克問題の論述を進めたいと願いつつ、今はひとまず筆を置くこととする。

平成二十六年五月三日

# 参考文献

少子化対策にかんする現象諸論については、筆者が日ごろ購読している「日本経済新聞」「読売新聞」「北國新聞」「千葉日報」、それに「岩手日報」「岩手日々」「河北新報」などの日頃の情報を参考にして考察を進めた経緯がある。

人口論については、松田茂樹『少子化論』（勁草書房、二〇一三年）を参考にした。

堕胎・中絶の悪弊については、恩師・高橋梵仙師の『堕胎間引の研究』（第一書房、一九八一年）に甚大な先学の叡智をいただいた。

心から感謝の意を表したいと思う。

## 宇野弘之（うの・ひろゆき）

1944年、愛知県生まれ。宗教哲学者、エッセイスト。

1969年、東洋大学大学院文学研究科修士課程修了。

1972年、同大学院博士課程でインド学仏教学を専攻研鑽。

1998年4月、介護福祉士養成校として専門学校「新国際福祉カレッジ」（介護福祉学科）、救急救命士養成校として「国際医療福祉専門学校」（救急救命学科）千葉校を設置し、学校長に就任。2004年4月、千葉校に理学療法学科を設置。2007年4月、石川県七尾市に救急救命士、理学療法士、作業療法士、介護福祉士を養成する国際医療福祉専門学校七尾校、2011年4月、岩手県一関校に救急救命学科を設置し、学校長に就任。

### ●主な役職

【宗教法人】浄土真宗　霊鷲山　阿弥陀寺住職

【学校法人】〔阿弥陀寺教育学園〕能満幼稚園・ちはら台幼稚園・専門学校新国際福祉カレッジ・国際医療福祉専門学校　各理事長

〔宇野学園〕千原台まきぞの幼稚園・おゆみ野南幼稚園　各理事長

【社会福祉法人うぐいす会】特別養護老人ホーム誉田園・介護老人保健施設コミュニティ広場うぐいす園・ケアハウス誉田園・指定障害者支援施設こころの風元気村・稲毛グループホーム・デイサービスセンターはなみずき・大多喜風の村　各理事長

【社会福祉法人おもいやり福祉会】ちはら台東保育園理事長

【有料老人ホーム】敬老園ロイヤルヴィラ（稲毛・西船橋・八千代台・大網白里・札幌・東京武蔵野・千葉矢作台）・敬老園サンテール千葉・ナーシングヴィラ（東船橋・浜野・八千代台）　各理事長

【医療法人社団シルヴァーサービス会】介護老人保健施設船橋うぐいす園・デイサービスセンター矢作　各理事長

【霊園】メモリアルパーク千葉東霊園・佐倉メモリアルパーク・船橋メモリアルパーク・市川東霊園・市川聖地霊園・メモリアルパーク市原能満霊苑・桜の郷花見川こてはし霊園　各管理事務所長

### ●主な著書

『大無量寿経講義』『阿弥陀経講義』『観無量寿経講義』『正信念仏偈講義』『十住毘婆沙論易行品講義』（山喜房佛書林）、『孫・子に贈る親鸞聖人の教え』（中外日報社発行、法藏館発売）、『蓮如　北陸伝道の真実』『蓮如の福祉思想』（北國新聞社）、『「心の病」発病のメカニズムと治療法の研究』『住職道』『高齢化社会における介護の実際』『親鸞聖人の救済道』『仏教エコフィロソフィ』『無宗教亡国論』『恵信尼公の語る親鸞聖人』『晩年の親鸞聖人』（国書刊行会）。

# ストップ・ザ・少子化——日本活性化序説

2014年９月10日　初版第１刷発行

著　者　宇野　弘之
発行者　佐藤今朝夫

〒174-0056　東京都板橋区志村1-13-15
発行所　国書刊行会
TEL.03（5970）7421（代表）　FAX.03（5970）7427
http://www.kokusho.co.jp

印刷　三報社印刷（株）
製本　（株）村上製本所

ISBN978-4-336-05829-4